Mercedes Santa C...
(Condesa de Merlin)

VIAJE A LA HABANA

Edición
Adriana Méndez Rodenas

ᔕ - STOCKCERO - ᔕ

Foreword, bibliography & notes © Adriana Méndez Rodenas
of this edition © Stockcero 2008
1st. Stockcero edition: 2008

ISBN: 978-1-934768-17-4

Library of Congress Control Number: 2008941658

Set in Linotype Granjon font family typeface
Printed in the United States of America on acid-free paper.

Published by Stockcero, Inc.
3785 N.W. 82nd Avenue
Doral, FL 33166
USA
stockcero@stockcero.com

www.stockcero.com

Mercedes Santa Cruz y Montalvo
(Condesa de Merlin)

Viaje a la Habana

Índice

Prólogo a la presente edición

Sensibilidad romántica, ardor nacionalista:
El viaje iniciático de Mercedes Merlin

Época de la expansión europea, el siglo de las luces vio nacer la gran gira continental, cuya influencia se extiende hasta los albores del romanticismo. Basado en el periplo de un joven aristocrático proveniente de Francia o de Inglaterra por las cálidas tierras de Italia, el desplazamiento a los confines de Europa significa un cruce-de-fronteras tanto físico como psicológico, ya que marca un hito en el proceso de maduración del héroe (Porter 10, 19; Chard 12). Impulsado por el deseo de descubrir tierras ajenas, la gira continental (conocida como el *grand tour*) responde tanto a la aventura como al deber, ya que se impone por el mandato paterno. Cargado de pulsión edípica, el padre impulsa el viaje de su sucesor como parte de la educación sentimental del hijo predilecto (Porter, 17, 19). En la tradición europea, la gira continental se convierte en viaje iniciático ya que el trayecto hacia las ruinas romanas completa la evolución psicológica del personaje, pues la experiencia del viaje obliga al hijo a asumir una subjetividad propia.

¿Qué ocurre con este modelo cuando el sujeto es una mujer que se desplaza, no a Italia, sino a su propio país de origen? La tradición de la «gran gira» ofrece un útil punto de partida para una re-lectura de *Viaje a la Habana* (1844) de Mercedes Merlin, obra fundadora en las letras cubanas. Igual que la «gran gira», el viaje iniciático de la condesa se estructura a manera de diario, formato que se presta para captar con mirada atenta el paisaje y la sociedad de una tierra distante. La comparación con la gira continental se entorpece, no obstante, por la obvia diferencia de género y el significativo hecho de que la autora *re*/descubre su propio país, desplazando así a la antigua Roma por los trópicos de su infancia. Esto complica el esquema de la gran gira, ya que se trata de un sujeto romántico híbrido, escindido entre dos culturas, dos lenguas, y dos mundos: Cuba y Francia (Díaz 93-94, 121-123). Si el objetivo principal de la literatura de viajes dieciochesca era comunicar al público lector la sensación de *estar ahí* (Chard 2, 4), al destacar (y recrear) la alteridad del paisaje, el arte, y las ruinas de Italia, el *Viaje a la Habana* de Mercedes Merlin se aparta de este modelo canónico ya que la autora regresa a un lugar ya conocido, espacio teñido de afectos que se transforma en sitio a la vez ajeno y familiar. No obstante estas diferencias, *Viaje a la Habana* despliega una retórica parecida a la convención dieciochesca: se convierte, en sus manos, en una «gran gira» sentimental.

Al regresar a La Habana colonial después de más de treinta años de ausencia, la Condesa registra sus impresiones, trazando una topografía de la isla para beneficio de un lector que, como ella, se deslumbra ante la tierra prometida de la infancia y la promesa del re-encuentro. La isla de Cuba, y, más concretamente, la ciudad natal, se convierte en paisaje exótico destinado a un lector europeo (Díaz, 120). Simultáneamente, la memoria de Mercedes Merlin nace del imperativo psicológico de asumir lo propio, derecho postergado por las circunstancias de vida que le arrancaron de su país de origen. El viaje iniciático de Mercedes Merlin se empeña en reproducir, no *la diferencia* con el hogar implícita en el viaje hacia tierras distantes (Chard 3), sino *la semejanza* de re-encontrarse con los suyos; el deleite de contemplar el paisaje, disfrutar los sabores, y recorrer los sitios añorados de la infancia, tópicos recreados consciente y sensualmente en el cuerpo del relato.[1] Sólo que, hacia el final del trayecto, se mantiene aún *la distancia* de la tierra natal, ya que, una vez recorridas las delicias del trópico, la imposibilidad del retorno socava el gesto de apropriación, dejándonos solamente la escritura (a manera de *trazo*) del origen.

1. «ENTRE DOS MUNDOS:» LA CONDESA DE MERLIN Y EL DESEO DE LA NACIÓN

Hija primogénita de una de las familias más importantes de la sacarocracia cubana, Mercedes Santa Cruz y Montalvo es la heroína de un romance familiar extraordinario: su padre, Don Joaquín Santa Cruz y Cárdenas, fue el tercer Conde de Mopox y Jaruco (Bueno [1977] 12), y su madre, Teresa Montalvo y O'Farrill, descendía de una familia criolla de abolengo. El nacimiento de Mercedes Merlin en 1789 coincidió con el inicio de la trata esclavista que fomentó el crecimiento de la industria azucarera en el Caribe (Bueno [1977] 12). Las dos familias, Santa Cruz y Montalvo, pertenecían a la aristocracia que impulsó el azúcar cubano a un lugar de prominencia después de la revolución haitiana (Araújo 6). A pesar de nacer en una cuna privilegiada, la vida de Mercedes Santa Cruz y Montalvo no siguió el curso determinado por la riqueza y el estatus familiar. Poco después de su nacimiento, los Jaruco se separaron de su hija recién nacida para embarcarse a Europa (Bueno [1984] 27), hecho interpretado como injusto abandono familiar (Molloy, 88) pero que seguramente se debía a los peligros de un cruce transatlántico, más aún si se considera que los padres eran aún adolescentes.[2] Amparada bajo el cuidado de su bisabuela materna, la venerable Luisa Herrera y Chacón, Mercedes

---

1   Adapto el útil concepto de Chloe Chard en cuanto a la «geografía imaginaría» o «topografía imaginaria» construída en el relato de viaje para «entender y apropiarse de lo foráneo» (10). He traducido las citas de esta fuente.

Merlin permaneció en Cuba hasta los doce años. Su niñez idílica, junto a sus decididas impresiones de la sociedad esclavista cubana, tiñen *Mes douze premières années* (1831), su primer libro de memorias, con un tinte nostálgico. Traducido al español por Agustín de Palma en 1838, en una edición forjada desde el exilio en Filadelfia, *Mis doce primeros años* traza el despertar de la conciencia de la narradora a los rigores de la esclavitud, a la par que refleja las contradicciones de la colonia cubana a mediados del siglo.

La vida de Mercedes Merlin se determina, en gran medida, por las obligaciones de Joaquín Santa Cruz como miembro de la oligarquía criolla ilustrada y en servicio a la corona de España. Nombrado subinspector de las tropas, el conde de Jaruco regresó a La Habana en febrero de 1797 y permaneció en su ciudad natal hasta 1802. Durante esta época, Santa Cruz llevó a cabo una serie de intercambios lucrativos; el más importante fue el derecho exclusivo de exportar ron cubano a los Estados Unidos a cambio de trigo, privilegio que el Rey le concedió en 1796 (Marrero 255). Ese mismo año, el Rey también le cedió el condado de Santa Cruz y Mopox, seguramente por haber ganado la simpatía de Manuel Godoy, Duque de Alcudia, el favorito de la Reina María Luisa (Marrero 251, 255). Fue Godoy quien encargó a Jaruco la misión de explorar zonas remotas de la isla; específicamente, la corona aspiraba al área alrededor de Guantánamo y su amplia bahía, al extremo este de la isla (Marrero 254). Ansiosa de proveer tierras a los colonos forzados a emigrar de Haiti, la corona quería obtener tierras arables al este de Cuba, para compensar en algo la pérdida de tierra y propiedad como consecuencia de la revolución de 1791 en Saint Domingue (Marrero 254).

Dejando atrás a Teresa a cargo de los dos niños nacidos en Madrid durante la etapa en que la pareja ascendía en la corte (Marrero 254), Joaquín Santa Cruz zarpó hacia La Habana en 1797 para cumplir la comisión del rey. Además de esta obligación, estaba seguramente ansioso de encontrarse con su hija mayor, a quien no había visto desde la infancia. Después de una estancia de cinco años, el conde regresó a Madrid en abril, 1802, supuestamente para rendir el informe sobre la misión colonizadora (Marrero 257, 259), aunque algunos críticos malintencionados culpan la vida lujuriosa y gusto europeizante de Teresa Montalvo (de la Lastra 80-84). Con un fuego de artillería que anunció la despedida del barco (Merlin [1984] 75), en abril de 1802 Mercedes se embarcó junto a su padre, seguramente sin sospechar que no regresaría a Cuba hasta su edad adulta, en 1840. Al alejarse de las costas de Cuba, padre e hija guardaban diferentes expectativas: si el Conde de Jaruco anticipaba el regreso a Madrid con motivo de su empresa mercantilista, Mercedes Merlin abrigaba la esperanza de reunirse con su madre por primera vez.

El resto de la vida de Merlin se narra en el segundo libro autobiográfico, *Souvenirs et Mémoires* (1836), que relata su residencia en Madrid desde 1802 hasta 1810. Después de la muerte de Santa Cruz y Cárdenas en 1807 en La

---

2   Olgalina Dazzo, descendiente de la familia Merlin, ofreció esta hipótesis. Mercedes Merlin justifica el abrupto abandono de sus padres por el mismo motivo, y comenta que el padre tenía quince años y la madre, apenas doce (*Mes douze premières années* [1831] 2, 4).

Habana, su viuda buscó la protección de un poderoso pariente en la corte española, Gonzalo O'Farrill. En medio de la ocupación francesa, la astuta Teresa Montalvo, ansiosa de recuperar el nombre y la fortuna familiar, arregló el matrimonio de Mercedes con Antoine Christophe Merlin, un destacado general del ejército bonapartista, quien se había ganado el título de conde debido a su valiente actuación en la guerra. Tras la derrota de José Bonaparte, la pareja huyó a Francia, fuga narrada en una memorable escena de *Souvenirs et Mémoires* que detalla el azaroso cruce por los Pirineos y la tristeza que siente la recién casada al separarse de España, país emocionalmente ligado a la presencia materna. En París Madame Merlin encontró su destino, ya que pronto se colocó al frente de un salón literario, rodeada de personalidades de renombre como su madre lo había hecho en la corte de Madrid.

En la etapa de su vida quizás más productiva y feliz, Merlin lució su talento operático y musical, destacándose en conciertos de beneficiencia como la famosa actuación de *Norma* de Bellini y la lírica composición, «Aire espagnol,» que evoca los aires de Cuba (Figarola Caneda 48, 50). Como tantos otros artistas románticos, Merlin buscó a su «doble» en la persona de Maria Malinbran, una cantante española cuyo trágico fin motiva dos obras importantes –*Les loisirs d'une femme du monde,* publicada en París en 1838, y la versión pirata titulada *Madame Malinbran* publicada en Bruselas dos años después. Entre el relato de vida de otra, Mercedes introduce jalones de su propia vida, como si se pudiera examinar mejor a través del reflejo de la vivencia ajena (Martin, [2006], 1). Intercalado en el segundo tomo de *Les loisirs...,* «L'évasion» es un cuadro dramático calcado en la temprana infancia que muestra el funcionamiento del sistema esclavista a través de ojos infantiles. Denuncia de la psicología de violencia que estructura la sociedad de plantación, en «L'évasion» una joven protagonista sale a la defensa de su prima, quien fue castigada injustamente por escaparse del encierro a que fue sometida. Irónicamente, son las esclavas domésticas quienes tienen que cumplir el castigo, haciendo gemir de dolor a la joven inocente, quizás como venganza al daño al cual ellas se veían sistemáticamente sometidas. Sin comprender el nudo de violencia que las ataba al mandato del ama, la joven Mercedes arremete contra las esclavas con ira despiadada. Si bien *Mes douze premières années* propone la identificación entre mujer y esclavo, «L'évasion» marca el límite de la empatía permisible entre la «niña» o heredera de la plantación, y su subyugado doble femenino, mostrando, por tanto, el revés de la sociedad esclavista.[3]

Junto a su salida de Cuba, el acontecimiento más importante en la vida de la condesa fue la muerte de su marido en marzo de 1839. El viaje de Merlin a La Habana en junio del año siguiente fue motivado por razones financieras, puesto que el estado francés le había negado la pensión que le correspondía como viuda de un militar destacado.[4] El cruce transatlántico se impuso por

---

3   El texto se reproduce en la comtesse Merlin, *Les esclaves dans les colonies espagnoles,* editado por Adriana Méndez Rodenas (París: Editions l'Harmattan, 2006), pp. 33-39. Para un análisis más extenso, véase pp. xxi-xxvi, y Carmen Vasquez (2006).

la necesidad de pedirle rendición de cuentas a su hermano por las ventas del
ingenio Mazareno (Cuza Malé 11-12). Desprovista de otro medio de super-
vivencia, la criolla quería asegurarse la parte que le correspondía de las fortunas que su padre tan irresponsablemente derrochó como el primer conde
de Jaruco (Marrero 261).

Durante su estancia de dos meses en Cuba, la condesa de Merlin recibió
homenajes poéticos de varios de sus compatriotas, quienes elogiaron tanto el
timbre de su voz como la superioridad de su talento. Los conciertos entre la
aristocracia habanera se anunciaron en varios recortes de la prensa local; notable fue la nota publicada en el *Diario de la Habana* sobre el concierto en casa
del conde de Peñalver, celebrado el 8 de julio de 1840. Firmado por «Un concurrente,» pseudónimo de José de la Luz y Caballero, esta nota expresa temor
a que el brillo parisino de la condesa opacara al talento local, cifrando así la
recepción ambivalente hacia una hija pródiga que provocó tanto admiración
como envidia entre la amena concurrencia criolla.[5] En varias reseñas publi-
cadas en la prensa local, asoma la misma reacción ambivalente, ya que la larga
residencia de la Condesa en Europa crea la duda si debe ser recibida como
nativa o como extranjera. A propósito de «*Mis doce primeros años*», Domingo
del Monte, líder de la tertulia que reunía a intelectuales cubanos en la empresa común de fundar una literatura nacional, comenta que la obra se apega
más al romanticismo que al modelo realista que él impulsaba entre escritores
criollos para representar el mundo insular naciente.[6] Si bien del Monte
concede valor al «dulce sentimiento de cariño á la tierra patria, que respira
esta obrita,» termina descartándola debido al género de la autora, opinión
compartida por otros miembros de la tertulia, quienes paternalísticamente le
atribuían un público restringido al sexo femenino.[7]

De todos los miembros de la tertulia, fue Félix Tanco y Bosmeniel quien
más asiduamente persiguió a la condesa en *Refutacion al folleto intitulado Viage
a la Habana,* escrito publicado en 1844, pero que apareció primero en forma
serial en el *Diario de la Habana* del 22 abril al 4 de mayo del mismo año. La
fecha es importante, pues señala que el panfleto vio la luz en marzo, 1844,

---

4   Carta, «A Monsieur le Ministre de Guerre,» firmada M. Merlin, Archivo Militar de
     Paris, 20 junio 1840. En esta carta, Mme. Merlin le explica a las autoridades francesas
     que no ha podido obtener el acta de nacimiento requerido para cobrar su pensión de
     viuda de un militar debido al hecho de que el gobierno colonial no le había respondido,
     aún después de numerosas gestiones. Ella atribuye la imposibilidad de adquirir el do-
     cumento al desorden de los archivos estatales en La Habana, y le ruega a continuación
     al Ministro de Guerra de suprimir este requisito, que le privaría de la necesaria pensión.
     Agradezco a Antoine Barbry, descendiente del conde de Merlin, y asiduo investigador
     del archivo de su antepasado, el ofrecerme copia de este importantísimo documento, que
     aclara los motivos del famoso «viaje a la Habana.»

5   «Un concurrente,» «La Señora condesa de Merlin. Concierto del Sr. Conde de Peñalver,»
     Diario de la Habana (12 julio 1840), «Poesía», 2-3.

6   *Mes douze premières années.* Paris; 1831. *Mis doce primeros años, Revista Bimestre Cubana*
     (octubre 1831), 346.

7   Estas reseñas y comentarios incluyen: Anónimo, «La condesa de Merlin. *Mis doce pri-
     meros años,*» *La cartera cubana*, 2 (enero 1839), 100 y N.R.B., «*Mis doce primeros años* por
     la Condesa de Merlin, obra traducida por A. de P. e impresa en Filadelfia con el mayor
     esmero,» *Diario de la Habana* (30 enero 1839), 2.

después de la Conspiración de la Escalera, y una vez que el público criollo hubiera adquirido pleno conocimiento del *Viaje a la Habana*. El despiadado ataque de Tanco contra la condesa gira en torno al hecho de ser extranjera: «[l]a Sra. de Merlin [...] ha visto á la isla de Cuba con ojos parisienses, y no [ha] querido comprender que la Habana no es París.» Por si esto fuera poco, Tanco la acusa injustamente de forjar una visión «fantástica» de la isla, y de distorsionar la geografía local –precisamente una de las tácticas con que la autora logra equilibrar el extrañamiento y familiaridad del espacio recorrido. Como en el caso de otros comentaristas, la diatriba de Tanco se debe, en última instancia, a una cuestión de género, ya que la acusa de violar el papel casto y sumiso asignado a la mujer, a tal grado que la *Refutación* termina con la igualmente fantástica escena de un grupo de criollas que ardientemente le reclaman «nuestra defensa y la defensa de nuestro pais,» razón por la cual Tanco justificó su venenoso alegato.[8]

La afrenta de Tanco no impidió que la presencia de Merlin tuviera un impacto positivo en la isla. Los elogios líricos en la prensa habanera culminaron en la oda sentimental que le compuso Gabriel de la Concepción Valdés, el poeta mulato conocido como Plácido, en ocasión de la partida definitiva de Mercedes Merlin del puerto de La Habana en julio, 1840. Al lamentar la inminente pérdida de la criolla para la tradición patria, pone en voz de la propia Merlin los motivos que la obligaron a regresar a Francia: el imperativo de reunirse con sus hijos a la orilla del Sena.[9]

El viaje a Cuba en 1840 marca el cénit de la carrera literaria de la gran Merlin, ya que una vez de vuelta a Francia, la condesa se dedica a la composición de su obra maestra, la edición en francés de *La Havane* (1844) y la versión trunca que compone *Viaje a la Habana*. En búsqueda de guía y mentor que le facilitara la entrada al mundo literario francés, seleccionó a Philarète Chasles, un disoluto profesor del Collège de France famoso no sólo por traducciones literarias al alemán y al inglés, sino también por su habilidad de seducir a las mujeres. Con la ayuda de Chasles, redactó, editó, y corrigió las pruebas de la edición francesa de *La Havane*; tras varios episodios de traición y aprovechamiento financiero documentados en la *Correspondencia íntima*, la criolla rompió definitivamente con el erudito y afincó su vocación literaria en la publicación de *La Havane*.[10] Un año antes de que diera luz a su obra más importante, experimentó con *Lola y Maria*, novela publicada en Paris en 1843, y a continuación aparecieron los dos volúmenes de *Les lionnes de Paris* (1845) y los tres de *Le Duc d'Athènes* (1852). Desilusionada por los sinsabores de un romance tardío, Mercedes Merlin murió bajo el amparo de su hija en el Cas-

---

8   Félix Tanco y Bosmeniel, *Refutacion al folleto intitulado Viage a la Habana por la Condesa de Merlin, Publicada en el Diario* (La Habana: Imprenta del Gobierno y Capitanía General, 1844), 55-56, 59.

9   G(abriel). [de la] C(oncepción). Valdés, «A la Señora DA María de las Mercedes Santa Cruz y Montalvo, Condesa de Merlin,» *El Artista*, tomo I, núm. 1 (domingo 13 agosto 1848), 20-21.

10   La condesa de Merlin, *Correspondencia íntima*, editada por Emilia Boxhorn, traducción Boris Bureba (Madrid: Industrial Gráfica Reyes, 1928). Claire Emilie Martin concluye que la condesa «no [fue] vencida por el paso de los años, sino por el desengaño amoroso y la humillación de haber caído en el olvido de la sociedad parisina» (I, [2001], 25).

tillo de Dissay, a las afueras de Poitiers, el 31 de marzo, 1852. En su amplia biografía sobre la escritora cubana, Figarola Caneda comenta que su tumba en el Cementerio Père Lachaise carece de epitafio (66, 69). Hoy en día, la tumba clásicamente romántica ha desaparecido. Los restos de la autora lo cubren una fría lápida negra, como para resaltar la ironía de que esta precursora de las letras cubanas esté enterrada eternamente junto a la familia O'Farrill, y no al lado de su marido francés.

2. Arquetipos caribeños: *Viaje a la Habana* y el retorno postergado

La historia editorial del *Viaje a la Habana* constituye uno de los interrogantes más sobresalientes del Romanticismo hispanoamericano. Compuesto de treinta y seis cartas dirigidas a personalidades del mundo político francés y español, como también a miembros de su círculo familiar, los tres tomos de *La Havane* documentan el estado político, administrativo, y legal de la colonia, así como la historia de la fundación de Cuba bajo el primer gobernador, Diego de Velázquez, y el subsecuente desarrollo económico y social de la isla bajo el mando de la Capitanía General. Varias cartas de *La Havane* –desde la «Lettre XIII» dedicada a su hija (Madame Gentien de Dissay), hasta la «Lettre XXX» dedicada al Colonel Georges Damer Dawson, aparecieron antes en las páginas de *La Presse*, periódico parisino, entre el 26 de octubre y el 16 de noviembre de 1843. El delicioso cuadro de las habaneras dedicado a George Sand en la «Lettre XXV,» que retrata la « languidez» de las criollas, sirve de espejo para que Merlin se identifique plenamente con sus congéneres en la isla (Méndez Rodenas, 185-187). Publicada en el *Diario de la Habana* bajo el título «Las mugeres de la Habana,» la carta a George Sand idealiza el obligado enlace matrimonial al mismo tiempo que cuestiona el desbordado amor con que las madres criollas malcriaban a sus hijos varones, crítica que termina afirmando la superioridad de la mujer europea. No sorprende, entonces, que el retrato provocara una enérgica respuesta por parte de los criollos ilustrados que no querían que sus «niñas» se salieran de la órbita doméstica.[11]

Para la versión española, el original de *La Havane* se reduce a unas diez cartas; falta, por ejemplo, la fuerte crítica a la administración colonial, que lee casi como profecía del despotismo y la jerarquía de poderes absolutistas que impera todavía en la vida política cubana.[12] Además de esta importante carta, se suprime también la polémica «Lettre XX» sobre la institución esclavista,

---

11   La « Lettre XXV » de *La Havane* se publicó en serie como « Cartas dirigidas por la Señora de Merlin a George Sand. 'Las mugeres de la Habana,' » en el *Diario de la Habana* el 10 y 12 de septiembre de 1843. Un habanero disfrazado bajo el pseudónimo de « Chucha, » probablemente Agustín de Palma, publicó una enérgica respuesta en las páginas del *Faro Industrial de la Habana* (21, 24, 28 septiembre, 1843). Bueno fue el primero en documentar este intercambio ([1977] 42). Para un análisis más a fondo, véase Méndez Rodenas ([1998] 187-221 y [2001] 31-52).

12   Me refiero a la «Lettre XXIX,» incluida en el tomo segundo de *La Havane,* donde Merlin afirma: «Le gouvernement de l'île de Cuba se réduit à une pure déspotisme militaire, concentré sur la tête d'un seul homme, sans contrôle, sans responsabilité, sans surveillance» (281). [El gobierno de la isla de Cuba se reduce a un puro despotismo militar, concentrado en la cabeza de un solo hombre, sin control, sin responsabilidad, sin supervisión].

que había aparecido previamente en dos versiones: una francesa, publicada en *Revue de Deux Mondes*, y el folleto *Los esclavos en las colonias españolas* impreso en Madrid–ambos de 1841. [13] Ya que el propósito ideológico de la carta era contrarrestar la influencia del abolicionismo británico, se recortan las «Pièces Justificatives» contra el primer ministro británico Lord Palmerston, junto con otros textos que atacan al nuevo cónsul David Turnbull, cuyo *Travels in the West, with Notices of Porto [sic] Rico and the Slave Trade,* publicado en Londres en 1840, fomentaba la rebelión de esclavos (*La Havane*, tomo III, 421-478), tema tabú para la sacarocracia criolla.

Además de subrayar la fisura existencial de la autora, la doble edición nace de la necesidad de cumplir su proyecto político, el despertar de la conciencia nacional en la isla y el servir de mediadora entre España y la colonia de ultramar.[14] La supresión del original en francés se debe enteramente al contexto colonial, ya que el texto íntegro del *Viaje* apareció por entregas en el *Diario de la Habana*, entre el 22 abril de 1844 y el 4 de mayo, 1844. Esta temprana entrega muestra que la Ilustración criolla tuvo plena conciencia de la obra de la Condesa, que asimiló y criticó la manera en que ella había dibujado las costumbres de sus compatriotas en la isla, y que, consciente o inconscientemente, se vio obligada a enfrentar el proyecto de nación perfilado entre las grietas de la gran gira sentimental.

El mérito de *La Havane* se ha opacado por la dedicatoria al Capitán General Guillermo O'Donnell, considerado «uno de los hombres más odiados en la historia de Cuba» (Figarola Caneda 158) por dirigir la Conspiración de la Escalera, campaña represiva desatada contra la población libre de color y sus simpatizantes en Matanzas. Ya que el Capitán O'Donnell no empezó a gobernar hasta octubre de 1843, y la bárbara represión ocurrió en marzo del año siguiente, Figarola Caneda rescata a Merlin de culpa dado el hecho de que el *Viaje* se publicó en febrero de 1844, un mes antes de los acontecimientos de la Escalera (159). Esto explica por qué la ofensiva dedicatoria al General O'Donnell se elimina en *Viaje a la Habana*.[15]

La división de la obra mayor de la condesa en dos ediciones simultánea pero lingüística y estructuralmente diferentes no sólo resulta de, sino que re-

---

13   Para un incisivo análisis de la carta, véase Claire Emilie Martin ([1995],37-45). He rastreado las fuentes de la Carta XX de *La Havane* en los escritos de José Antonio Saco, comparado la versión fracesa y la española, y analizado la repercusión que tuvo la postura de Merlin como «créole endurcie» (*La Havane*, II, 87) en el debate abolicionista en Cuba (Méndez Rodenas [1998], 144-150, 152-172).

14   «[T]he political argument in *La Havane* gives way to «a feminine position of mediation» that attempts to bridge the distance between Spain and Cuba…» (Méndez Rodenas [1998], 10). [El argumento político en *La Havane* cede a «una posición femenina de mediación» que intenta tender un puente entre España y Cuba (…)]. Este es el término con que Silvia Delfino se refiere a la labor patriótica de Mariquita Thompson en Argentina; ver «Conversar, escribir: dos tramas de un secreto,» en *Escribir en los bordes*, editado por Carmen Berenguer, Eugenio Brito, Diamela Eltit, Raquel Olea, Eliana Ortega, y Nelly Richard (Santiago de Chile: Editorial el Cuarto Propio, 1990), p. 119.

15   Fiel a la edición príncipe de 1844, la omitimos aquí, ya que claramente la condesa quiso suprimirla.

salta, la hibridez cultural de la autora. En efecto, en *Souvenirs et Mémoires* ya la condesa había reconocido el debate interno que la constituía como sujeto pensante: «j'ai deux moi, qui luttent constamment, mais c'est le fort, le *superbe,* que j'encourage toujours; c'est ne pas parce qu'il est le plus fort que je lui donne la préférence, mais parce qu'il est le plus malhereux: il ne réussit à rien» (vol. 3, 246; énfasis de la autora) [tengo dos yos que luchan constantemente, pero el más *fuerte* es el que yo animo siempre; no porque sea el más fuerte le debo la preferencia, sino porque es el más desdichado: no tiene éxito en nada]. De acuerdo a Hélène Cixous en «La rire de la Meduse,» este clásico binarismo constituye la polaridad fundante de un sistema de género que asigna cualidades esenciales al ámbito masculino y femenino, delineando a cada sexo por su diferencia: hombre=cultura, pensamiento, lógica, razón, y mujer=naturaleza, emoción, irracionalidad, sentimiento. Haciendo eco de estas convenciones, la condesa clasifica su propia obra entre las cartas «severas» de contenido político, supuestamente asociadas con la parte «fuerte» o «masculina» (incluídas todas en *La Havane*) y las cartas «divertidas» que versan sobre cuadros de costumbres habaneras, las cuales componen el arquetípico retorno trazado en *Viaje a la Habana* (Boxhorn, 122, 126; citado en Bueno [1974], 47, 45).

A pesar de expresar nítidamente la «doublure» existencial que la motiva, queda el misterio de la composición de *Viaje a la Habana*: ¿fue la propia autora quien tradujo al español las Cartas que componen la edición madrileña de 1844? La versión en español suscita otras interrogantes, que influyen sobre el cánon literario cubano. Todos conocemos el romance frustrado entre Sab, el noble esclavo, y su ama, Carlota, en el ingenio de Puerto Príncipe, eje de la novela anti-esclavista *Sab* de Gertrudis Gómez de Avellaneda. Aunque vertido en la suerte compartida entre ama y esclava, este tema se intensifica en *Mes douze premières années* — además de que ambas obras se publicaron el mismo año (1831). ¿Fue por solicitud o por solidaridad que su compatriota Gertrudis Gómez de Avellaneda le dedica los «Apuntes biográficos» que preceden la obra (v-xvi)? Este preámbulo, unido a las coincidencias temáticas y editoriales, empalma a las dos fundadoras del discurso nacional cubano, dando voz a un discurso femenino de *pertenencia* en los orígenes de la nacionalidad.

Si bien *La Havane* comienza en Europa con la partida de la autora del puerto de Bristol el 15 abril de 1840, y continúa con las impresiones de la ciudad de Nueva York, la versión española abre justo al vislumbrar el puerto mayor de las Antillas. Detenido el buque a la entrada de la amplia bahía, la condesa continúa aquí la tradición del viajero científico, alabando, como lo hizo Alejandro von Humboldt, la belleza de la ciudad, el aliento del trópico nocturno, y el adormecido perfil de la isla. Pero la perspectiva de la narradora contrasta con la descripción física de la bahía del famoso viajero: si bien Hum-

boldt anota la geografía del puerto, Mercedes Merlin recorre los lugares re-
cordados de su infancia o los más asociados a su historia familiar, resultando
en una mirada sentimental, a cambio del tono objetivo y estadístico del famoso
prusiano.[16] A diferencia de otros viajeros decimonónicos a la isla, la Carta I
del *Viaje...* se convierte en escena emblemática del «viaje a la semilla» carpenteriano, pues despliega las complejas emociones de la autora al poner pie
en su tierra natal. Estirpado de todo contenido político (Bueno [1974] 37-42),
el delgado volumen del *Viaje a la Habana* lee entonces como un texto muy
diferente: el retorno amoroso de una criolla que vuelve a su propio lugar de
origen como espacio distanciado en la memoria, y, por tanto, lo « exotiza»
poéticamente por medio de la rememoración y la nostalgia. En la edición
príncipe que abre con el celebrado prólogo de Gertrudis de Avellaneda, se
nota la voluntad de construcción de un texto dirigido fundamentalmente «a
sus compatriotas,» a un público cubano.

3. El retorno de la hija pródiga

Entre la «gran gira» dieciochesca y el viaje romántico, los motivos de viaje
se desplazan de causas externas (el mandato del padre) a motivaciones internas,
ya que el viaje decimonónico promete tanto la necesidad de aventura como «el
descubrimiento y realización de un sujeto mediante la exploración del otro»
(Chard 11; Porter 139). En vez de la sumisión pasiva a la autoridad paterna,
el desplazamiento a lugares foráneos implica la fuga de esa figura dominante,
la ruptura con el tedio del hogar, la búsqueda de nuevas sensaciones y paisajes;
en breve, el viaje romántico acentúa el placer y no el deber. La dimensión psicológica del viaje exalta la subjetividad romántica: es el viajero –sus impresiones, desde el malestar físico durante la travesía hasta el éxtasis frente al
paisaje– quien ocupa el centro del relato, convirtiendo a los sitios recorridos
en meros reflejos del estado ánimico del narrador (Porter 139-141). En el viaje
sentimental del retorno, la condesa convierte al espacio de la isla en territorio
propio mediante dos recursos: la idealización del paisaje y la familia criolla,
por un lado, y, por otro, la digresión o divagación retórica que sostiene la autoridad de la viajera como centro medular del relato (Chard 6).

Análoga a los viajeros europeos deslumbrados por la riqueza natural y ar-
tística de Italia, la criolla narra la intensidad del trópico en dos registros: la
geografía física de la bahía y el espacio urbano de la Habana. Volvamos a la
escena inaugural del puerto, sin duda la más conmovedora del *Viaje a la
Habana.* Al anclar el *Christophe Colomb* en la bahía, barco que devuelve a
Mercedes Merlin a su isla natal en junio, 1840, la viajera cubana se esmera en
eliminar la distancia entre dos tiempos –pasado y presente– y dos espacios,
Cuba y Francia. Este esfuerzo contrasta con los británicos y franceses en el

---

16   Amplío las conexiones entre Humboldt y Merlin en «The View from the Harbor:
     Gender Subversion in the Literature of the Second Discovery,» en *Gender and Natio-
     nalism in Colonial Cuba,* pp. 43-47.

«*Grand Tour*,» cuyo principal objetivo era comparar los deleites de lo nuevo (lo extranjero) con las virtudes de lo viejo o archi-conocido (Chard 40). Puesto que el viaje implica, paradójicamente, un entrañable repaso a lo más cercano, patria, plenitud materna, hogar paterno, aparecen sucesivamente en estas primeras escenas para construir la topografía de La Habana como espacio familiar. A pesar de la larga etapa que vivió en Francia, en *Viaje a la Habana* la condesa cruza la distancia temporal acentuando la cercanía espacial, renovando las expectativas de la literatura de viajes. Aún así, esta inversión provoca la sensación «fantasmática» que surge cuando el viajero se enfrenta a un sitio desconocido por primera vez y sufre la ansiedad de escribir sus impresiones. El «*déjà vu*» del trayecto (Porter 12) se vuelve aún más dramático en el caso de Mercedes Merlin, quien nos lleva de la mano frente a la orilla del puerto y señala las dos ciudades fundadas por antepasados y parientes (6). El reto literario de la autora es, entonces, convertir a esos espacios familiares en geografía imaginaria que produzca una sensación de intimidad (sea para el europeo que nunca ha ido a Cuba o el criollo que la espera como extranjera).[17]

El vaivén entre alteridad/semejanza se hace más convincente mediante el recurso de la intensificación de lo visto (Chard, 49, 51), técnica que crea la impresión de que el paisaje es íntimamente familiar o deliciosamente ajeno. De acuerdo a la estrategia principal del «*Grand Tour*,» en las cartas «á la vista de Cuba» (2) se acentúa el impacto del paisaje mediante la retórica del «deleite hiperbólico»:[18] el mar cambia de registro; como signo profético aparece una escuela de delfines «que vienen á festejar nuestra venida»(1). Se aumenta el drama de la llegada por el quiebre visual y temporal del relato; cerca al crepúsculo, la viajera personifica la isla, expresándole sus sentimientos mediante el arquetipo materno (2). Al arribo espectacular de la condesa, le siguen los pasos de los primeros descubridores, cuya presencia fantasmal evoca el efecto de lo «ya visto» a la vez que acentúa la contemplación afectiva de la viajera (2). La secuencia culmina en la próxima carta, donde la sensación de lo sublime se sostiene por la exaltada descripción del paisaje –«Todo era resplandor y riqueza en la naturaleza (....)» (2)– y el traspasar la frontera entre sujeto y entorno natural («me sentia arrebatada de un extásis embriagador y divino» [2,3]). Fiel a la convención de la retórica del exceso (Chard 57), la autora concluye que el goce experimentado ante «la noche insular» rebasa los límites de la razón (3).[19] A diferencia de los viajeros en Italia, para quienes el país de origen sirve de punto de referencia para medir el grado de intensidad

---

17   Esta sensación de extrañeza ante lo familiar se malinterpretó por críticos cubanos de todos los tiempos, y especialmente Félix Tanco y Bosmeniel, quien, en su *Refutación,* se mofa de la autora por «los absurdos é inexactitudes» con que pinta la topografía de la Habana (11).

18   «The primary strategy employed to invest the topography of the Grand Tour with intensity is the adoption of a rhetoric of hyperbolic delight.» [La estrategia principal que se utiliza para infundir intensidad a la topografía de la gran gira continental es adaptar una retórica de deleite hiperbólico]. Chard, 49.

19   El término lo adapta Cintio Vitier de la poética descripción de José Lezama Lima en *Las eras imaginarias* (Madrid: Editorial Fundamentos, 1971), 173.

del nuevo paisaje (Chard 52), en el *Viaje* el punto de comparación –la belleza de Cuba– es el mismo que motiva la sensación de lo sublime y es también el objeto de la mirada.

Al recorrer la arquitectura de la ciudad, la mirada de la condesa de Merlin es a la vez exterior e interior –el acento en la casa criolla completa y complementa la topografía de la ciudad. En dirección contraria al viajero europeo, cuyo propósito es resaltar la diferencia o extrañeza provocada por paisajes y costumbres ajenos, para así «seducir» al lector con la experiencia de un placer diferido (Chard 4), Mercedes Merlin transmite (quizás conscientemente al lector cubano) la sensación de semblanza o semejanza con los seres y sitios queridos. Si en el viaje de aventuras romántico, la sensación de alteridad (o diferencia) se comunica mediante la distancia entre *el ver/estar ahí* del viajero y *el leer/ recordar* de la lectura, en el *Viaje a la Habana* la intención de convertirse en otro; mejor dicho, el constante afirmar de *ser otro* –no la Otra que era antes de su partida de Cuba al umbral de la adolescencia sino la mujer adulta y criolla que ella asume durante el viaje– manifiesta el anhelo de *pertenencia,* de formar parte de una «comunidad imaginada» en formación. Entre las fisuras y entredichos del texto aflora la tensión entre ser y otro, sujeto narrador y objeto narrado, lo familiar y lo foráneo, que proviene de la misma condición de la autora como sujeto escindido entre dos mundos y dos mares.[20]

En la Carta II que narra el primer contacto de Mercedes Merlin con sus coetáneos, aflora la contradicción inherente del viajero –«la necesidad de sustraer placer de lo foráneo a la vez que la necesidad de contener o negar ese placer (…) para evitar la sospecha de que el sujeto (…) quiera abandonar lo familiar por el disfrute del dramatismo y la alteridad» (Chard 47)– sólo con otro registro, ya que esta viajera entra, no a un mundo foráneo, sino al demasiado familiar que es el mundo de su infancia.[21] El primer contacto con los caminantes del muelle; el lento reconocimiento de parientes y familiares; el emotivo encuentro con el hermano de leche negro y la antigua Agueda, «nodriza de mi madre» (12-13); esta red de afectos sugieren la entrega hacia el mundo dejado atrás y recuperado mediante la escritura, recalcando el efecto tardío (*belatedness*) del relato de viaje. En la casa del tío Montalvo, la viajera se deleita en el sabor y textura de la comida (14); asimismo, alaba las bondades de la naturaleza tropical por medio de la «hipérbole de la enumeración» (Chard 62). Así la deliciosa lista de frutas tropicales (uno de los motivos fundantes de la poesía cubana) se tiñe de idealización y de nostalgia. La imagen idílica del hogar criollo se completa al comparar «[l]a vida doméstica de la Habana» con «los encantos de la edad de oro» (16), hipérbole que refuerza la metonimia de la isla como espacio edénico.

---

20   González Echevarría agudamente comenta la contradicción implícita de los viajeros europeos de procedencia latinoamericana, quienes se convierten en «sujeto y objeto de su propia mirada» (96).

21   «[A] conflict between the need to extract pleasure from the foreign and the need to contain or negate that pleasure (…), to avoid (…) the suspicion (…) that the subject may be registering a desire to abandon the familiar for the delights of drama and alterity.» [El conflicto entre la necesidad de sustraer placer de lo extranjero y la necesidad de contener o negar ese placer (…), de evitar (…) la sospecha de que el sujeto manifieste un deseo de abandonar el entorno familiar por los deleites del drama y la alteridad](Chard, 47).

A esta visión idealizada del hogar criollo se contraponen los obstáculos a los placeres del viaje, lo que aumenta la tensión entre el apego a lo familiar y el peligro de dejarse sobrellevar por el mundo encontrado de afectos. La negación del placer, en estas escenas idílicas del *domus* caribeño, parece surgir del mismo motivo del viaje, que se declara como *deber,* refiriéndose a la obligación familiar y económica que lo impulsó.[22] A los pocos días de estar en la casa del tío Montalvo, los comentarios acerca del «calor excesivo» (17) sirven no sólo para contraponer lo familiar y lo foráneo, sino también para recalcar la identificación de la autora como europea, invirtiendo los términos con que se había organizado el relato del viaje. La vuelta a la escena primaria conlleva, entonces, una tensión entre la viajera que anhela permanecer en el origen y la exiliada que teme perder la identidad forjada en Francia. De pronto, se queja de que «l]as costumbres activas de Europa (…) me faltan completamente aqui» (17); más adelante, satiriza la pose de amorosa contemplación que le había sumistrado tanto placer al inicio del viaje: «siento (…) una especie de despecho en haber dejenerado de mis antepasados los indios, porque el *dolce far niente* no basta á mi dicha» (17). Al examen crítico de la vida criolla se une la observación del carácter de los habaneros, opuesto al de los peninsulares (17). Los mosquitos que azotan a la viajera sirven de punto de partida para una alegoría de la colonización, puesto que la especie importada por los españoles devoraron a los mansos insectos locales (18); anécdota que marca el despertar de la conciencia cívica criolla a lo largo del viaje.

Ya que no logra abarcar durante su estadía en Cuba una visita a zonas aledañas, la condesa recurre a la práctica común a la época de imitar autores predilectos en su afán por describir los personajes y las costumbres del campo. Aunque la táctica de re-escribir *Una Pascua en San Marcos* (1838) de Ramón de Palma le costó la condena de Félix Tanco y Bosmeniel en su *Refutación* (53), nuestra lectura interpreta la «libre adaptación» de cuadros de costumbres cubanas como signo de represión más que de carencia expresiva. Es como si la condesa recurriera a estos textos fundantes de la literatura cubana para afirmar su propio sentido de cubanía; los costumbristas cubanos que leyó asiduamente en las páginas de *El Album, El Aguinaldo Habanero*, *Faro Industrial de La Habana,* y *El Plantel,* le dieron un lenguaje –un código estético– con que plasmar las realidades del campo cubano, que ella no tuvo oportunidad de *ver* con sus propios ojos. Al construir su texto en forma de «pastiche» del archivo cultural cubano, *Viaje a la Habana* inscribe una economía de viajes que altera el circuito holístico implícito en el modelo de la gira (Porter 10).[23]

La Condesa construye la «topografía imaginaria» de la ciudad a partir de la memoria, sólo que en su caso es una memoria afectiva y personal, ya que la ciudad queda enquistada en el tiempo: «A estos placeres que se unian con

---

22   «¡O hija mia! á qué inspiracion tan hermosa he obedecido, para cumplir un deber, he emprendido un viaje tan largo y tan peligroso!» (Merlin, *Viaje a la Habana* [Stockcero - USA - 2008], 9). Las citas subsecuentes que aparecen en el prólogo serán a esta edición.

23   Para un lúcido comentario acerca de la apropiación de Merlin de los costumbristas, véase Díaz, *Unhomely Rooms,* 116-121. En las notas a las *Cartas,* especificaré las fuentes literarias que Merlin utilizó para construir su relato.

mis recuerdos, sucedia la sorpresa encantadora que me causaba la extraña apariencia de esta ciudad de la edad media, que se ha conservado intacta bajo el Trópico» (12). Conforme la sensibilidad dieciochesca, el paradigmático viaje a Italia renueva los encantos de la antigüedad clásica; «depósitos de la memoria« –ruinas, monumentos, fantasmas, íconos culturales– marcan la distancia entre el pasado remoto y el presente del trayecto (Chard 140, 133).[24] Mercedes Merlin se afronta a un reto de otra índole, ya que, en Cuba, no hay pistas sobre el camino a seguir; a sus ojos, la colonia no ofrece monumenta-lidad histórica. «Cuba no tiene historia,» declara (30); en vez de ruinas, lo que encuentra en su recorrido por la Habana es una carencia: «á Cuba le falta la poesía de los recuerdos» (51). Aquí, el mundo de la naturaleza ha sustituido al histórico: «[e]l habanero vive en el presente y en lo porvenir» (51). De este modo, la condesa proyecta el sentido de historicidad sobre la única ruina que aparece a su vista como digna de una monumentalidad clásica: los restos de Colón que yacen en la catedral de la Habana.[25] En la tradición dieciochesca, los viajeros manipulaban la asociación metafórica entre lo antiguo y lo fe-menino para recalcar la otredad del escenario visitado (Chard 133). Merlin claramente transfiere esta táctica a la figura hiper-masculinizada de Colón, «hombre célebre» que adquiere carga alegórica como fundador de una futura nacionalidad.[26] La inscripción de un discurso nacional se vuelve paradójica en *Viaje a la Habana:* la defensa de la cubanía implícito en la anécdota de los mosquitos contrasta con la pose de admiración hacia el primer colonizador.

Trazemos ahora el aflorar de una conciencia cívica en este relato de viaje. Si regresamos a la escena iniciática que narra las primeras impresiones de la ciudad, la condesa hace duelo por la ausencia del padre, dejándose arrastrar por la «tristeza desanimadora» (25) propia de una sensibilidad romántica. La asociación del padre con el poder colonial conforma una imagen pesimista de la insularidad, resultando en la única crítica abierta al gobierno autocrático español: «la Habana egerce una suerte de despotismo» (99). Merlin se afilia al proyecto de reforma iniciado por los miembros de la tertulia delmontina, insertándose así en una colectividad mayor; es decir, la nación en ciernes que es la Cuba decimonónica. La alusión al despotismo colonial es un modo in-directo de profetizar sobre el futuro de la isla, una «melancolía cívica» (Gidal) que desplaza la sensibilidad romántica hacia el dominio público.

---

24   «From around the middle of the eighteenth century onwards, travel writings frequently map out the relation between the ancient past and the present as one in which the past (....) resurge(s) disquietingly within the contemporary topography, and use various re-positories of memory, such as ruins, antique fragments, and ghosts, as sites or vehicles for that resurgence» [Desde aproximadamente fines del siglo dieciocho en adelante, la literatura de viajes traza con frecuencia el mapa de la relación entre el pasado de la an-tigüedad y el presente como uno en el cual el pasado (…) resurge extrañamente en medio de la topografía contemporánea, y se usan varios archivos de la memoria, como las ruinas, fragmentos antiguos, y fantasmas, como sitios o medios para ese resurgimiento]. (Chard 140).

25   Díaz comenta la manera en que la condesa repite el gesto del «descubridor» en *Unhomely Rooms,* pp. 106-112.

26   «[S]alí de la catedral haciendo votos porque el gobierno español consagre en fin á este grande hombre un monumento digno de su vida y de su muerte» (Merlin, *Viaje…*, 54).

Esta «melancolía cívica» aflora asimismo en los paseos, esquinas, y columnas de la amplia ciudad, incluídos, significativamente, en la carta final
–Carta X– en vísperas de la partida definitiva de Cuba. El paseo en quitrín
completa la topografía de la ciudad, escena que empalma con el principio del
Viaje, ya que, desde la carta III dedicada a la intimidad familiar, Merlin había
descrito un paseo que tomó con la tía en «una *volanta* muy elegante» (énfasis
de la autora; 18). Por tratarse de un medio de transporte típicamente cubano,
la volanta o quitrín emblematiza la diferencia o alteridad del mundo insular
ante el público europeo. Objetos como éste que se resisten al dominio de la
mirada se utilizan como «metáforas de la diferencia, la desfamiliarización, y
de una alteridad misteriosa» en la escritura de viajes.[27] Aunque el paseo por
las calles de la Habana representa la última mirada de la viajera hacia su
ciudad natal, se despliega desde el punto de vista de un sujeto distanciado; es
decir, el lento recorrido se narra desde la pose de una espectadora que comenta
críticamente los personajes, sitios, y contextos que surgen espontáneamente
durante el trayecto. Una lectura atenta de la escena demuestra la esmerada
selección de tipos y tópicos, ya que todos reflejan cualidades, conflictos, o aspectos sobresalientes de la sociedad colonial –desde el aprovechado agente
de negocio hasta la manera curiosa en que «las mujeres van á hacer sus
compras,» la costumbre de que el comerciante les despliegue la mercancía
en plena calle (98). Los ecos de la gira continental se notan en un recurso
común a esta tradición: la comparación con sitios análogos en Europa (por
ejemplo, el final del paseo en la Lonja se compara con un café de París |98|).
Con igual insistencia, el *Viaje* resiste el punto de comparación entre el Nuevo
y el Viejo Mundo («las calles de la Habana: el polvo de Herculano y de
Pompeya no es mas ardiente ni está más desierto» [96]; las jóvenes criollas
sobrepasan a las «rubias duquesas de Londres y de Edinburgo» en el arte de
la coquetería |98|).[28] Recurso que culmina en la desigual comparación entre
el quitrín habanero y la góndola de Venecia, la cual no solamente resalta el
tono romántico de la escena, sino que recalca el contraste con el ámbito local:
«estais bajo el cielo de las Antillas en medio de las costumbres criollas» (99).[29]
Si a Cuba le falta historia, le sobra, en cambio, «los encantos de la alteridad
misteriosa» (Chard 133), expuestos en primer plano por el paseo en quitrín.
    Adaptando a sus propósitos los recursos del viaje iniciático, la autora del

---

27 «Travellers on the Grand Tour register particular interest in those objects of commentary
    that resist enquiry (…), and can therefore be deployed as metaphors of difference, un-
    familiarity, and mysterious otherness (…)» |Los viajeros en la gran gira continental re-
    gistran con señalado interés los objetos dignos de comentario pero que se resisten a la
    investigación (…), y por tanto se prestan a emplearse como metáforas de la diferencia,
    la extrañeza, o la otredad misteriosa| (Chard 127). Efecto que se muestra en la siguiente
    descripción: «Por todas partes se deslizan las *volantas,* dignas verdaderamente de este
    nombre, y en las cuales se veia la voluptuosidad habanera recostada con la negligencia,
    y gozando del soplo ligero de la brisa» (Merlin, *Viaje…,* 98; énfasis de la autora).

28 Chard analiza este recurso, que ella denomina «incomparability,» a lo largo de la tra-
    dición del *Grand Tour* (51-55, 56).

29 «El quitrín o la volanta (…) tienen alguna cosa de misterioso y singular que recuerda la
    góndola de Venecia, excepto la silenciosa poesía de las lagunas que habla á la vez á la
    ilusión y al amor» (Merlin, *Viaje …,* p. 99).

Viaje a la Habana resuelve la tensión entre lo familiar y lo foráneo mediante la afirmación de una incipiente cubanidad: «aquí comenzamos á vivir no para los negocios (...), no para la vanidad y para el público, sino para nosotros mismos, para nuestra afecciones y para nuestros placeres» (100). Esta afirmación abre el relato a otro registro, lo que Antonio Benítez Rojo llamó «el deseo de la nación.» [30] En última instancia, el gesto de apropriación de lo familiar (vuelto extraño por la larga separación de la isla) se invierte, ya que los placeres de la permanencia parecen escapar la voluntad de la narradora de recuperarlos. *Viaje a la Habana* deja un legado importante a las letras cubanas: la isla como cultura de super-posición, idea conjurada a la vista de la catedral cuando se compara la ecléctica mezcla de estilos a zonas subterráneas de la vieja Roma (51). Esta descripción anticipa tanto el «tercer estilo» carpenteriano como la noción sarduyana de la yuxtaposición de tres razas y culturas elaborada en *De donde son los cantantes* (1970). Como viaje iniciático, *Viaje a la Habana* anticipa el arquetipo fundante de la literatura caribeña trazada en obras del modernismo literario: «Viaje a la semilla» de Alejo Carpentier (incluido en *Guerra del tiempo* [1958]) y *Cahier d'un retour au pays natal* (1983) de Aimé Césaire. En estas (frustradas) vueltas al origen, no hay regreso privilegiado al mundo dejado atrás, pero sí la necesidad de emprender el viaje.

ADRIANA MÉNDEZ RODENAS
Dept. of Spanish & International Studies
The University of Iowa
Iowa City, IA 52246

Fulbright Distinguished Chair in American Studies
Dept. of English
Box 527-Humanistiskt Centrum
Uppsala University
Sweden/Suecia

---

30   No puede sostenerse el criterio de María Caballero Wangüemert de que se trata de «un artificio de auto-engrandecimiento personal» (34), ya que el interés de Mercedes Merlin era la prosperidad de la isla. A pesar de tratarse de una edición reciente –Condesa de Merlin [sic], *Viaje a la Habana* (Madrid: Editorial Verbum, 2006)– la de Caballero Wangüemert es una edición fallida, derivada de fuentes y estudios anteriores y plagada de referencias e interpretaciones erróneas.

CRITERIO DE ESTA EDICIÓN

La presente edición se basa en la edición príncipe del *Viaje a la Habana* que se encuentra en la biblioteca de la Universidad de Iowa. El libro perteneció a Oscar Benjamín Cintas, quien aparentemente lo donó desde La Habana. La edición original contiene un error sobresaliente en cuanto a las fechas del diario de viaje. El inicio del viaje se marca en la Carta I solamente por el día y la hora (p. 1 de la presente edición); sin embargo, al cotejarlo con la *Lettre XIII* de *La Havane*, sabemos que la Condesa llega al puerto de La Habana el 5 de junio, 1840 (tomo I, 265). Sin embargo, la Carta III, calcada en la *Lettre XV* de *La Havane* (tomo I, p. 301) empieza con la fecha del 11 de julio, seguido del 12 de julio; dado que la fecha correcta debe ser el 11 junio, y, después, 12 junio, se incluyen estas correcciones en el texto (pp. 13, 17 de la presente edición). Más adelante, la Carta VIII regresa al 18 de junio (p. 55 de la presente edición), continuando la cronología precisa del viaje.

He respetado la ortografía, la puntuación, y el deletreo original; errores sobresalientes (como, en la Carta I, la referencia a los «peces de miles colores cambiantes que se deslizan, saltan y juegan en el egua [sic]»[4]) se corrigen en nota al pie de página. Estos deslices y errores tipográficos resaltan la eccentricidad del texto, pues no se sabe a ciencia cierta quién tradujo el *Viaje*: si la Condesa misma, en uno de esos atardeceres grises de París, o si contrató a algún olvidado compatriota para vertir su obra maestra al idioma de los criollos de la isla. Las notas editoriales van en secuencia en números arábicos; las notas de la autora aparecen entre paréntesis. Agradezco el aporte del historiador Louis A. Pérez, Jr., a esta edición. Y la ayuda de Leonardo Rossiello, profesor del Departamento de Lenguas Modernas de la Universidad de Uppsala, en Suecia. Se la dedico a tres ilustres y sabios «merlinistas» dispersos en varias esquinas del mundo pero unidos en cofradía espiritual: Roberto Ignacio Díaz en Los Angeles, Claire Emilie Martin en Long Beach, y Carmen Vásquez en París. Los tres han puesto su «granito de arena» en la playa de la cubanidad.

Adriana Méndez Rodenas

Obras citadas y lectura adicional

Fuentes primarias

Merlin, la Comtesse de [Mercedes]. Carta, "A Monsieur le Ministre de Guerre," Archivo Militar de París, 20 junio 1840.

_____ *Mes douze premières années.* París: Gautier-Laguione, 1831.

_____ . *Mis doce primeros años.* Traducción de Agustín de Palma. Philadelphia: 1838 (publicación privada). Re-impresión. La Habana: Imprenta de la Unión Constitucional, 1892.

_____ . *Mis doce primeros años.* La Habana: Imprenta el Siglo XX, 1922.

_____ . *Mis doce primeros años.* Edición Nara Araújo. La Habana: Editorial Letras Cubanas, 1984.

_____ . *Histoire de la Sœur Inés.* París: P. Dupont et Laguionie, 1832.

_____ . *Souvenirs et Mémoires de la Comtesse Merlin, publiés pour elle-même.* 4 Vols. París: Charpentier, 1836.

_____ . *Souvenirs et Mémoires de la Comtesse Merlin. Souvenirs d'une Créole.* Edición Carmen Vasquez. París: Mercure de France, 1990.

_____ . *Les loisirs d'une femme du monde.* 2 Vols. París: Librairie de L'Advocat et Comp., 1838.

_____ . *Los esclavos en las colonias españolas.* Madrid: Imprenta de Alegría y Charlain, 1841.

_____ . «Les esclaves dans les colonies espagnoles.» *Revue de Deux Mondes* (abril-junio 1841): 743-769.

_____ . *Les esclaves dans les colonies espagnoles. Accompagné d'autres texts sur l'esclavage á Cuba.* Edición Adriana Méndez Rodenas. París: Editions l'Harmattan, 2006.

_____ . *Lola et Maria.* París: L. Potter, Librairie Editeur, 1843.

_____ . «Cartas a Chucha: Las mugeres de la Habana.» *Faro Industrial de La Habana* (10, 11, 12, septiembre 1843), 1-2.

_____ . «Fragmens d'un *Voyage a la Havane.*» *La Presse* (26, 27, 28, 29, 31 octubre; 1, 4, 8, 9, 10, 11, 12, 14, 15, 16 noviembre 1843).

Merlin, la Condesa de [Mercedes]. *Viaje a la Habana*. Prólogo de Gertrudis Gómez de Avellaneda. Madrid: Imprenta de la Sociedad Literaria y Tipográfica, 1844.

_____. *Viaje a la Habana*. La Habana: Imprenta de la Unión Constitucional, 1892.

_____. *Viaje a la Habana*. La Habana: Librería Cervantes, 1922.

_____. *Viaje a la Habana*. Editado por Salvador Bueno. La Habana: Editorial Arte y Literatura, 1974.

_____. *La Havane*. 3 Vols. París: Librairie d'Amyot, 1844.

_____. *La Havane*. Ed. Carmen Vasquez. 3 Vols. Paris: Indigo & Côté Femmes editions, 2002-2003.

_____. *La Habana*. Traducción Amalia E. Bacardí. Madrid: Cronocolor, 1981.

_____. *Correspondencia íntima de la Condesa de Merlin*. Editada por Emilia Boxhorn. Traducción de Boris Bureba. Madrid y París: Industrial Gráfica Reyes, 1928.

Tanco y Bosmeniel, Félix [«Veráfilo»]. *Refutacion al folleto intitulado «Viage a la Habana.»* La Habana: Imprenta del Gobierno y Capitanía General, 1844.

Valdés, G(abriel). [de la] C(oncepción). «A la Señora DA María de las Mercedes Santa Cruz y Montalvo, Condesa de Merlin,» *El Artista,* tomo I, núm. 1 (domingo 13 agosto 1848), 20-21.

Villaverde, Cirilo. «Amoríos y contratiempos de un guajiro.» *La Cartera Cubana* II (1839), 229-238.

_____. «El guajiro.» *Faro Industrial de la Habana* (1842).

_____. «Escursion a Vuelta Abajo.» *El Album* 6-8 (1838-1839): 11-46, 89-108.

_____. *Excursión a Vuelta Abajo*. La Habana: Imprenta «El Pilar» de Manuel de Armas, 1891.

FUENTES SECUNDARIAS
ARTÍCULOS

Anónimo. «La condesa de Merlin. *Mis doce primeros años,*» *La cartera cubana,* 2 (enero 1839), 99-102.

Benítez Rojo, Antonio. «Azúcar/poder/texto.» Reproducido en *Encuentro en la red*, nos. 37-38 (verano-otoño 2005). Primera impresión en *Cuadernos americanos*.

Bueno, Salvador. «Una escritora habanera de expresión francesa.» *De Merlin a Carpentier—Nuevos temas y personajes de la literatura cubana*. La Habana: UNEAC Contemporáneos, 1977. 9-35.

«Un concurrente,» «La Señora condesa de Merlin. Concierto del Sr. Conde de Peñalver,» *Diario de la Habana* (12 julio 1840), «Poesía», 2-3.

De la Lastra, Joaquín. «Teresa Montalvo: Una habanera en la corte de España.» *Revista Bimestre Cubana,* 48: 1 (julio-agosto 1841), 73-88.

Del Monte, Domingo. «*Mes douze premières années.* Paris; 1831. *Mis doce primeros años,* « *Revista Bimestre Cubana,* 1: 3 (octubre 1831), 346-360.

_____. «Una habanera en París.» En *Aguinaldo habanero.* Edición de Ramón de Palma y José Antonio Echevarría. 69-84. La Habana: Imprenta de José María Palmer, 1837.

Díaz, Roberto. «Merlin, la ópera y Reinaldo Arenas.» *Fronteras de la literatura y de la crítica.* Actas del XXXV Congreso del Instituto de Literatura Iberoamericana, Université de Poitiers. Editado por Fernando Moreno, Sylvie Josserand, y Fernando Colla. Poitiers: Centre de Recherches Latino-Américaines, 2006. CD-rom.

Gidal, Eric. «Civic Melancholy: English Gloom and French Enlightment.» *Eighteenth-Century Studies,* vol. 37, no. 1 (Otoño 2003), 23-46.

N.R.B., «*Mis doce primeros años* por la Condesa de Merlin, obra traducida por A. de P. e impresa en Filadelfia con el mayor esmero,» *Diario de la Habana* (30 enero 1839), 2.

Malé, Belkis Cuza. «*Viaje a la Habana*: La Condesa de Merlin.» *Linden Lane Magazine* 2: 1 (1983): 11-12.

Martin, Claire Emilie. «Slavery in the Spanish Colonies: The Racial Politics of the Countess of Merlin,» en *Reinterpreting the Spanish American Essay: Women Writers of the 19th and 20th Centuries,* ed. Doris Meyer (Austin: The University of Texas Press, 1995), 37-45.

_____. y Arambel-Guiñazú, María Cristina. *Las mujeres toman la palabra–Escritura femenina del siglo XIX.* 2 Vols. Madrid and Frankfurt: Iberoamericana/Vervuert, 2001.

_____. «Las múltiples voces de Merlin: del *bel canto* a la escritura.» *Fronteras de la literatura y de la crítica.* Actas del XXXV Congreso del Instituto de Literatura Iberoamericana, Université de Poitiers. Editado por Fernando Moreno, Sylvie Josserand, y Fernando Colla. Poitiers: Centre de Recherches Latino-Américaines, 2006. CD-rom.

Méndez Rodenas, Adriana. «'Las mugeres de La Habana:' Una polémica feminista en el romanticismo hispanoamericano,» en *Cuba en su imagen—Historia e identidad en la literatura cubana.* Madrid: Editorial Verbum, 2001. 31-52.

_____. «Placer y prohibición de la escritura en el epistolario amoroso de la Comtesse Merlin.» *Fronteras de la literatura y de la crítica*. Actas del XXXV Congreso del Instituto de Literatura Iberoamericana, Université de Poitiers. Editado por Fernando Moreno, Sylvie Josserand, y Fernando Colla. Poitiers: Centre de Recherches Latino-Américaines, 2006. CD-rom.

Vásquez, Carmen. «Tres textos coloniales de la Condesa de Merlin.» *Fronteras de la literatura y de la crítica*. Actas del XXXV Congreso del Instituto de Literatura Iberoamericana, Université de Poitiers. Editado por Fernando Moreno, Sylvie Josserand, y Fernando Colla. Poitiers: Centre de Recherches Latino-Américaines, 2006. CD-rom.

Libros

Caneda, Domingo Figarola. *La Condesa de Merlin. María de la Merced Santa Cruz y Montalvo, Estudio bibliográfico e iconográfico, escrito en presencia de documentos inéditos y de todas las ediciones de sus obras. Su correspondencia íntima (1789-1852)*. París: Ediciones Excelsior, 1928.

Chard, Chloe. *Pleasure and Guilt on the Grand Tour—Travel Writing and Imaginative Geography, 1600-1830*. Manchester: Manchester University Press: 1999.

Díaz, Roberto Ignacio. *Unhomely Rooms—Foreign Tongues and Spanish American Literature*. Lewisburg: Bucknell University Press, 2002.

González Echevarría, Roberto. *Myth and Archive—A Theory of Latin American Narrative*. Cambridge: Cambridge University Press, 1990.

Kirpatrick, Susan. *Las románticas: Women Writers and Subjectivity in Spain, 1835-1850*. Berkeley: University of California Press, 1989.

Marrero, Leví. *Cuba: economía y sociedad*. Vols. 9, 13-14. Madrid: Editorial Playor, 1983, 1986.

Méndez Rodenas, Adriana. *Gender and Nationalism in Colonial Cuba—The Travels of Santa Cruz y Montalvo, Condesa de Merlin*. Nashville y Londres: Vanderbilt University Press, 1998.

Mialhe, Frédéric. *Viage pintoresco alrededor de la isla de Cuba dedicado al Señor Conde de Villanueva*. La Habana: Litografía de Luis Marquier, circa 1840.

Molloy, Silvia. *At Face Value—Autobiographical Writing in Spanish America*. Cambridge y Nueva York: Cambridge University Press, 1991.

Pérez, Louis A. Jr., *Cuba—Between Reform and Revolution*. New York y Oxford: Oxford University Press, 2006.

Porter, Dennis. *Haunted Journeys—Desire and Transgression in European Travel Writing.* Princeton: Princeton University Press, 1991.

Vitier, Cintio. *Lo cubano en la poesía.* Santa Clara: Universidad Central de Las Villas, 1958.

Apuntes biográficos De la Señora Condesa de Merlin

En medio de las varias causas que se reunen para impedir que los hijos de Cuba, dotados en general de una viva y brillante imaginacion, hayan podido aclimatar, por decirlo así, la literatura en su suelo, puede vanagloriarse de presentar á la Europa un nombre ilustre, que brilla ventajosamente colocado entre los mas distinguidos de los escritores contemporáneos.

Las obras de la señora condesa de Merlin, si bien las vemos con disgusto destinadas á enriquecer la literatura francesa, son timbres honoríficos para el pais que la vió nacer, y cuyo sol encendió aquella lozana imaginacion, que aunque entibiada algun tanto bajo un cielo extranjero, todavía lanza destellos refulgentes, que sirven á su patria de magnífica aureola.

Desgracia es de Cuba que no florezcan en su suelo muchos de los aventajados ingenios que sabe producir. Heredia vivió y murió desterrado, y apenas llegaron furtivamente á sus compatriotas los inspirados tonos de su lira.[1] La señora Merlin escribe en un pais extranjero y en una lengua extranjera, como si favoreciesen diferentes circunstancias la fatalidad que despoja á la reina de las Antillas de sus mas esclarecidos hijos.[2]

---

1   *Heredia:* José María Heredia (1803-1839), primer poeta romántico en Hispanoamérica, desterrado por participar en la Conspiración de los Soles y Rayos de Bolívar (1821-1823), movimiento a favor de la esclavitud y de una «'República de Cubanacán'» independiente. Louis A. Pérez, *Cuba—Between Reform and Revolution,* 3ra. Ed. (Nueva York y Oxford: Oxford University Press, 2006), P. 334. En su «Himno del desterrado,» Heredia lamenta la pérdida de Cuba y el destino del exilio. Heredia inaugura la tradición de lejanía, al imaginar la patria «no simplemente como tierra natal, sino en patria que brilla distante, lejana, quizás inalcanzable.» Cintio Vitier, *Lo cubano en la poesía* (Santa Clara: Universidad Central de Las Villas, 1958), 709.

2   Aquí Gertrudis Gómez de Avellaneda anticipa lo que el poeta del grupo *Orígenes* Cintio Vitier denominará la tradición de lejanía en la literatura cubana: la emigración y el exilio como constantes en la vida cultural del país, desde la colonia hasta la etapa post-revolucionaria. A manera de oráculo histórico, Gómez de Avellaneda atribuye este fenómeno al colectivo nacional, no como respuesta a circunstancias o factores externos. En contraste con la ambigua recepción que escritores cubanos de la época le dieron a Mercedes Merlin por su doble nacionalidad y bilinguismo, Gómez de Avellaneda la acepta plenamente dentro de la tradición insular.

Sin embargo, aquellas glorias trasplantadas á extrañas regiones no son por cierto inútiles a la patria: no son por cierto ingratas al cielo privilegiado que les dió la vida.

El poeta proscrito cantó en el continente mejicano á la rica perla de sus mares, y entre los tronantes raudales del Niágara resonaron melancólicamente recuerdos tiernísimos del perdido Almendares.[3]

La escritora traza á las orillas del Sena cuadros deliciosos de su hermosa patria: en ella piensa, con ella se envanece, á ella consagra los mas dulces sentimientos de su corazon, y los rasgos mas bellos de su pluma, haciendo envidiar á la Europa el pais que produce tan hermoso talento, y el talento que puede pintar tan hermoso pais.

La autora de estas líneas, que no intenta disimular su ardiente afecto a éste, ni las vivas simpatías que le inspira aquél, se propone compendiar en algunas páginas las noticias que de sí misma ha dado en sus memorias la distinguida *criolla,* complaciéndose en tributarla este ligero homenaje, que no menos la debe como amante de la literatura que como apasionada compatriota.

La señora doña Mercedes de Santa Cruz, hoy condesa de Merlin, nació en la ciudad de la Habana hácia los años de 1794 á 1796.[4] Precisados sus padres, los señores condes de Jaruco, á emprender un viaje á Europa á causa de sus intereses, confiaron la niña, que estaba aun en edad muy tierna, á los afectuosos cuidados de su bisabuela, anciana respetable, á quien consagra en sus memorias los mas tiernos recuerdos.

Al lado de aquella dama vivió feliz y adorada hasta la edad de nueve años, época en que volvió á la Habana el conde de Jaruco, y en que su hija experimentó los primeros sinsabores de su vida. Habia sido hasta entonces tan entrañablemente querida por cuantas personas la cercaban, gozando de tan absoluta libertad, y aun podemos decir de tan acatado imperio, que á pesar de sus pocos años, véianse desenvuelto su carácter noble, resuelto, con aquel espíritu de independencia que no es cualidad demasiado excepcional entre las hijas de Cuba, pero sí siempre temible para la propia ventura en las mujeres de todos los paises.

La señora Merlin reconoce, en varios pasajes de su primera obra literaria, la necesidad de una perfecta armonía entre la educación y la posicion social á que está destinado el individuo; y cuando nos pinta su carácter natural desarrollado sin ningun género de contradicción, impetuoso, indómito, confiado y generoso, pensamos con tristeza en lo mucho que la habrá costado acomodarse á los deberes sociales de la mujer, y ajustar su alma á la medida estrecha del código que los prescribe.[5]

Acaso por efecto de esta prevencion nos conmueven dolorosamente algunas páginas de sus memorias, en las que la autora habla de su pais, de su

---

3	Se refiere a la famosa «Oda al Niágara» de José María Heredia, versos que evocan las palmas reales de Cuba en medio del furor de las cataratas.

4	Los biógrafos de la autora indican su fecha de nacimiento como 1789.

5	Se refiere a *Mes douze premières années* (1831). Gómez de Avellaneda se identifica con Merlin al sentir el mismo conflicto entre vocación literaria y el estricto código de género vigente en el siglo diecinueve.

infancia, de su corazon; y donde al través del exacto raciocinio de un espíritu elevado, esclarecido y modificado por el conocimiento de la vida y de los hombres, pensamos ver chispear las centellas de una imaginación de los Trópicos, revelando los instintos atrevidos de un alma ardiente como aquel cielo, valiente y vigorosa como aquella naturaleza, tempestuosa é indómita como aquellos huracanes.

Sin embargo, el estilo de la señora Merlin es en lo general templado, fácil, elegante y gracioso. Se encuentra en sus escritos un juicio exacto y una admirable armonía de ideas. Grandes modificaciones, como ella misma confiesa, han experimentado el talento y el carácter de la persona que nos ocupa; y si no han sido ventajosas á su originalidad como escritora, creemos que lo debieron ser útiles en su destino de mujer.[6]

Poco despues del arribo del conde de Jaruco á su pais natal, las influencias de una señora de la familia, alcanzaron que la niña Mercedes entrase de pensionista en el convento de Santa Clara, como único medio que podia, en la opinion de la religiosa dama, destruir los malos efectos de una primera educacion libre en demasía, y en muchos puntos descuidada.

La metódica vida del claustro fué en breve insoportable para la nueva pensionista, bien que en un principio la hubiese aceptado sin repugnancia; y habiéndose negado su padre á las reiteradas súplicas que le dirigió para que la permitiese volver á su lado, concibió la atrevida resolucion de fugarse del convento.

«Abracé, dice en sus memorias, la firme determinacion de huir de aquel encierro, aunque no alcanzaba todavía los medios. El poder de la voluntad es inmenso, y cuando ella ejerce su imperio absoluto, un impulso desconocido hasta entonces nos asegura la eficacia y el poder de nuestras fuerzas.»

En efecto, auxiliada por una jóven religiosa, interesante personaje que ocupa en sus memorias un episodio lleno de sentimiento, logró escaparse del convento, y volver á la casa de su indulgente *mamita,* que este afectuoso nombre daba á su bisabuela.[7]

Merced á la extremada cólera de la abadesa, que rehusó recibirla [por] segunda vez, se vió libre del disgusto de volver á Santa Clara; pero no gozó la dicha de permanecer con la excelente anciana á quien tanto amaba, pues siempre dirigido por los consejos de la señora que motivó su primera separacion, colocóla el conde cerca de la marquesa de Castelflor sú tia, en cuya casa permaneció hasta la proximidad de aquella época en que resolvió su padre regresar á España, donde habia dejado á su esposa.[8]

Nada de particular contiene este tiempo de su vida que pasó con su tia: en

---

6   A pesar de la solidaridad de género expresada más arriba, Gómez de Avellaneda se coloca en posición superior, subvirtiendo así el esquema generacional de las letras cubanas, ya que Mercedes Merlin se consideraría precursora.

7   La desdichada Sor Inés, que inspiró la obra secuela a *Mes douze premières années,* la novela sentimental *Histoire de la Soeur Inés* (París: Dupont et Laguionie, 1832). Véase Carmen Vasquez, «*Histoire de la Soeur Inés* de la Condesa de Merlin, relato de una mujer crítica de su época,» *La Torre* 6: 21 (enero-marzo 1992), 85-103.

8   La fuga del convento es el episodio climáctico de *Mes douze premières années*. En lo que sigue, Gómez de Avellaneda se refiere a otras escenas cumbres de esta obra.

sus memorias refiere algunos pormenores interesantes, pero de poca importancia, en los que no nos permite detenernos la naturaleza de nuestro escrito, destinado solamente á dar algunas noticias de nuestra célebre compatriota á aquellos lectores de su última obra, que no hayan tenido la satisfaccion de conocer las primeras.

Poco antes de abandonar [por] segunda vez su patria, llevó el conde á su hija junto á si, y volvió á gozar de una libertad completa, hasta que llegó el dia señalado para la partida.

Bellísimas y tiernas son las líneas en que la señora Merlin nos indica sus emociones en aquel dia solemne.

«Alejándome de mi pais, dice, dejaba todo cuanto amaba y á todos aquellos de quienes era querida. En una edad en que los hábitos tienen todavía tan escasas raices, ya sentia mi alma lo muy doloroso que es tender una línea divisoria entre los afectos pasados y los futuros. El corazon me decia que las personas queridas que dejaba no serían en adelante el orígen de mis mas vivaces impresiones, y que mi felicidad iba á depender de un nuevo círculo que me juzgaría con la severidad de la indiferencia.»[9]

¡Venturoso, ha dicho el cisne de Cuba, venturoso aquel que no conoce otro sol que el de su patria![10]

Nada, en efecto, es tan amargo como la expatriacion, y siempre hemos pensado como la gran escritora que juzgaba los viajes uno de los mas *tristes placeres* de la vida.

¿Qué pedirá el extranjero á aquella nueva sociedad, á la que llega sin ser llamado, y en la que nada encuentra que le recuerde una felicidad pasada, ni le presagie un placer futuro? ¿Cómo vivirá el corazon en aquella atmósfera sin amor?

Existencia sin comienzo, espectáculo sin interés, detrás de sí unos dias que nada tienen que ver con lo presente, delante otros que no encuentran apoyo en el pasado, los recuerdos y las esperanzas divididos por un abismo, tal es la suerte del desterrado.

Hay aun en aquellos males que puede causarnos la injusticia de los compatriotas algo de consolador: podemos quejarnos y perdonarlos; pero ¿con qué derecho nos quejaríamos de los que no tienen respecto á nosotros ningun deber, ningun vínculo? ¿A qué lloraríamos si nuestras lágrimas no pudieran conmover? ¿Qué valdría nuestro perdon si no le concediese el afecto sino el desprecio ó la impotencia del odio?

Así como en las familias hay lazos de union entre los que comenzaron la vida bajo un mismo cielo: hay simpatías que en vano se quisieran destruir: hay unos mismos hábitos, y con corta diferencia una misma manera de ver y de sentir. Es fácil hacerse comprender por aquellos de quienes es uno largo tiempo conocido; pero el extranjero necesita explicarse. Faltan la ternura que adivina y la costumbre que enseña. El extranjero es interpretado antes de ser conocido.

---

9   La despedida de la patria se evoca igualmente en el hermoso soneto «Al partir» de Gertrudis Gómez de Avellaneda. La evocación del exilio sella nuevamente la hermandad literaria entre las dos decimonónicas.

10   «El cisne de Cuba»: Se refiere a José María Heredia y a su «Himno del desterrado.»

Estos inconvenientes anejos á la vida del expatriado, son mayores todavía en las personas que, como aquella que nos ocupa, estan dotadas de un carácter y de un talento extraordinario; porque tales séres son ya por su naturaleza extranjeros entre la multitud, y llevan consigo una sentencia de aislamiento y un sello de desventura.

Madama Merlin ha tenido empero la fortuna de que la condujese la suerte á una nacion generosa é ilustrada, á la que con orgullo y emocion llama su patria adoptiva, y donde ha alcanzado su mérito la justicia que debia esperar.

Siempre que hemos leido la descripcion que hace de su primera navegacion de América á Europa, hemos esperimentado una emocion que no será comun á todos los lectores, porque no todos podrán conocer el sentimiento y la verdad que encierran aquellas páginas. Pero ay! nosotros tambien hemos surcado aquellos mares: nosotros hemos visto el nublado cielo de las Bermudas, y hemos oido bramar los inconstantes vientos de las Azores. Como la célebre escritora hemos abandonado la tierra de nuestra cuna; hemos emprendido uno de aquellos viajes solemnes, cuyos primeros pasos recibe el Océano; y lleno el corazon de emociones de juventud, y rica la imaginacion con tesoros de entusiasmo, hemos contemplado la terrible hermosura de las tempestades, y la augusta monotonía de la calma *en medio de dos infinitos.*

Todas las impresiones que pinta la autora nos son conocidas: todos aquellos placeres, todos aquellos pesares los hemos esperimentado.

Desembarcando en Cádiz, recorrió la señora Merlin la mayor parte de la Andalucía antes de reunirse á su madre que residia en Madrid.[11]

«Encontré, dice, muy pobre aquel bello pais, comparándole con el mio. ¡Cuán pequeños me parecian sus tristes olivos recordando los gigantescos árboles de nuestros campos [!].»

Es una página hechicera aquella en que habla de sí misma, tal cual era en aquella época, y del efecto que causaba en los que la velan por primera vez.

« A los once años, dice, tenia toda mi estatura, y aunque muy delgada, estaba ya tan formada como pudiera á los diez y ocho. Mi tez criolla, mis ojos negros y vivos, mis largos y espesos cabellos me daban un aspecto semi-salvaje, que estaba en perfecta armonía con mis disposiciones morales. Viva y apasionada hasta el exceso, no sospechaba siquiera la necesidad de reprimir ninguna de mis sensaciones, y mucho menos la de ocultarlas. Franca y confiada por naturaleza, y no habiendo sido nunca contrariada, me era desconocido el arte del disimulo, y tenia tanto horror á la mentira como al mayor de los crímenes. De una independencia de carácter indómita para con los extraños, era débil con las personas queridas, y pasaba todo un dia llorando si la menor sombra de descontento oscurecia la frente de mi padre. Estas predisposiciones de una naturaleza vigorosa, no modificadas por la educacion, antes bien enérjicamente desenvueltas con el libre ejercicio, prestaban á mi humor rápidas, y violentas desigualdades, tan pronto de una alegría bulliciosa

---

11   «reunirse à su madre:» reunirse con su madre.

como de una melancolía profunda; y á veces, como para sentir la vida en todo su poder, experimentaba al mismo tiempo entrambas impresiones.»[12]

La casa de la condesa de Jaruco era por entonces una de aquellas en que se encontraba mejor sociedad. Los hombres mas distinguidos se reunian en ella, y, segun dice la señora Merlin, allí se conocian antes que en ninguna parte los bellos versos de Melendez, Arriaza y Quintana.[13] Pero no obstante las ventajas de una sociedad tan selecta, estaba triste y decaida la jóven americana. Diríase que como Chactas echaba de menos *sus bosques* y *sus ríos*, y lloraba por *la chuza de sus padres*.[14]

Contribuia mucho á prolongar aquella situacion de su espíritu la tierna desconfianza que concibió del cariño de su madre. Creíase menos querida que sus hermanos, y tan sensible como orgullosa, devoraba sus celos en el secreto de su corazon. Uníanse á dichas causas el constante estudio á que hubo de dedicarse para reparar el descuido de su primera educacion, y no tardó en sentir su salud notablemente alterada. Algunas semanas pasadas en el campo la restituyeron su lozanía, y de vuelta á Madrid se consagró casi exclusivamente á la música y á la lectura.

Esperimentó algun tiempo despues la desgracia de perder á su padre, y habiendo resuelto la viuda llevar personalmente á su hijo á un colegio de París, Mercedes y su hermana fueron confiadas á una parienta hasta la vuelta de la condesa.

Por entonces conoció al hombre que designa en sus preciosas memorias como objeto de sus primeras ilusiones. Hallábase en la edad en que con todo el candor y la inocencia de la infancia empiezan á sentirse las nuevas facultades de la vida: edad peligrosa que envuelve al juicio entre los brillantes engaños de una loca fantasía.

Mercedes, como la mayor parte de las mujeres en aquella edad, creyó amar á un hombre porque *amaba al amor,* y cuando regresó su madre, su enlace con el jóven marqués de .... fué tratado y decidido.

Su alegría por aquella resolucion no fué sin embargo larga: calmóse su primera exaltacion á medida que conocia mejor al hombre que creyó ligeramente dueño de su alma, y se iban disipando con rapidez las lisonjeras esperanzas y los brillantes sueños de ventura que en aquella union habia fundado.

Obtuvo pues de su bondadosa madre la anulacion del compromiso, y bien

---

12   Auto-retrato incluido en *Mes douze premières années* (1831).

13   Poetas pre-románticos españoles: Juan Meléndez Valdés (1754-1817), Juan Bautista de Arriaza, autor de *Poesías líricas* (1822), y Manuel José Quintana (1772-1857), autor de *Poesías Patrióticas* (1808), «destinadas a incitar la rebelión popular contra la invasión francesa.» Pedro Aullón de Haro, *La poesía en el siglo XIX (Romanticismo y realismo),* (Madrid: Ediciones Taurus, 1988), 45, 51, 55.

14   *Chactas*: personaje de *Atala* (1801), novela romántica de Chateaubriand. Bajo el telón de fondo del río Mississippi, el relato de Chateaubriand teje el destino trágico de dos jóvenes enamorados: Chactas, indígena de la tribu Natchez criado por el español López, y Atala, princesa de la tribu opuesta de los Muscogulges. La novela ilustra el precepto rousseauniano de que el sujeto primitivo es más sensible y mucho más noble que su contrapartida civilizada en Europa. *The Oxford Companion to American Literature*, 4ta. Ed., James D. Hart (Nueva York: Oxford University Press, 1965), p. 44. Aunque a primera vista parezca elogioso, la comparación desfavorece tremendamente la obra de su compatriota. Énfasis de la autora.

que aquel primer desengaño la hiciese una impresion que turbó por algun tiempo la serenidad de su vida, jamás volvió á escuchar ninguna de las ardientes solicitudes del despedido amante.

Poco despues de estos acontecimientos ocurrieron los memorables de la invasion francesa, de los cuales habla en su memoria madama Merlin con bastante estension, y salvo algunas ligeras inexactitudes, su relato es sumamente interesante por la imparcialidad y rectitud de juicio que se encuentra en la apreciacion de los hechos.[15]

Los vínculos de parentesco y amistad que ligaban á la condesa de Jaruco con el general O'Farrill, comprometido á favor del gobierno francés, la hicieron temer ser comprendida en las persecuciones que desde la capitulacion de Dupont sufrian en Madrid las personas designadas con el nombre de *afrancesadas,* y pasó con sus hijas á Vitoria, donde permaneció hasta la vuelta de José Bonaparte á la metrópoli de España.[16]

Presentada á la corte con sus hijas, y distinguida bien presto por el particular afecto del nuevo rey, fueron reemplazados los antiguos amigos que formaban su tertulia por los personajes franceses que rodeaban á José, entre los cuales se contaba el general Merlin.

Por entonses[17] dió la hermosa criolla los primeros anuncios de sus talentos literarios con la composicion de algunas poesías del género festivo; pero distrajéronla de su nueva aficion los preparativos de su casamiento, que por voluntad del rey se celebró sin tardanza.

Aunque no fuese el amor quien formó aquel enlace, la jóven Santa Cruz se prestó á él sin repugnancia, y en sus memorias tributa los mas férvidos elogios al noble carácter y excelente corazon del general Merlin.[18]

Dos acontecimientos igualmente memorables para la nueva esposa, aunque muy contrarios en sus efectos, se verificaron un año despues: fué el uno la muerte de su madre y el otro el nacimiento de una hija.[19]

El placer de la maternidad pudo solamente templar el acerbo dolor de la irreparable pérdida que habia padecido; pero nuevos disgustos vinieron en breve á acibarar las delicias de su nuevo estado.

---

15   *Ocupación francesa:* Napoleón ordenó la invasión de España en 1808 e instaló a su hermano mayor José Bonaparte (1768-1844) en el trono. La rebelión de Aranjuez y una subsecuente batalla en Victoria determinó la abdicación de José Bonaparte y la fuga de los ejércitos franceses en 1813. En *Souvenirs et Mémoires de Madame la Comtesse Merlin, publiés pour elle-même* (París: Charpentier, 1836), la condesa narra el azaroso cruce de los Pirineos con su recién nacida y la comitiva de su esposo, con el consecuente arribo en Francia.

16   Teresa Montalvo, madre de Mercedes, solicitó la ayuda y protección de su tío, el General Gonzalo O'Farrill, en la corte de Madrid. O'Farrill era aliado de José Bonaparte y el ejército de ocupación.

17   «entonses:» entonces.

18   Beneficiándose de sus buenas conexiones, Teresa Montavo arregló el matrimonio entre Mercedes y Antoine Christophe Merlin (1771-1839), un destacado general en el ejército bonapartista. Episodio narrado en el segundo libro de memorias, *Souvenirs et Mémoires* (París: Charpentier, 1836).

19   María de las Mercedes Josefa Teresa Ana (1812-1876), la futura Madame Gentien de Dissay, a quien le dedica las cartas más sentimentales del *Viaje,* y en cuyo castillo cercano a Poitiers termina sus días.

Evacuaron los franceses la Península, y el Sr. Merlin no pudo resolverse á dejar en el pais que abandonaba á una esposa adorada y á la tierna hija, que fué condenada á articular sus primeros acentos en una lengua extranjera.

Desde su establecimiento en París tuvo la ilustre criolla la ventajosa aceptacion que merecia por sus distinguidas prendas, y su casa fué bien pronto el centro de la mas brillante sociedad.

Sus dulces y elegantes modales, el encanto de su amena y variada conversacion, su agradable y espresiva figura, y su admirable talento para la música, eran circunstancias que debian forzosamente hacer muy codiciado el honor de ser admitido en su selecta tertulia; pero á las cualidades brillantes une la señora Merlin las mas raras y estimables del corazon y del carácter, siendo estas las que mas encomian todos los que han tenido la dicha de tratarla.

Antes de la primera publicacion de una parte de sus memorias, gozaba la celebridad debida á una voz privilegiada y á su esquisito gusto para el canto; pero luego que aparecieron aquellas preciosas páginas su nombre adquirió mayor brillo, y una nueva flor se enlazó á su corona de artista.

Vieron la luz pública primeramente *los doce años primeros de su vida* y el interesante episodio de Sor Inés; mas tarde publicáronse completas las *Memorias de una criolla* que obtuvieron la mas lisonjera aceptacion, y posteriormente aparecieron *madama Malibran,* un folleto sobre *la esclavitud de la raza africana en la isla de Cuba,* y el *Viaje á la Habana,* que es sin duda alguna la mas notable de sus obras, y la que con mayor orgullo y placer debe recibirse en su patria.[20]

La autora ha viajado tambien por diversos paises de Europa; pero no ha llegado á nuestra noticia que dichos viajes inspirasen ninguna obra literaria á la ilustre criolla, que parece no recibe inspiracion sino con los recuerdos ó la vista de su pais hermoso.

Sin tener el placer de conocerla personalmente, poseemos la ventaja de haber oido, con particular complacencia, á algunos de sus mas apasionados amigos; y sabemos que su conversacion no tiene menos encantos que sus escritos, y que reune al celebrado *esprit* de una parisien, aquella gracia picante de las españolas y aun un poco de la agradable negligencia y penetrante dulzura de las cubanas.

---

20 Los títulos correctos deben ser: *Mes douze premières années* (París: 1831), seguida de *Histoire de la Sœur Inés* (París: 1832), un relato romántico basado en la vida de la monja que ayudó a liberar a la joven Mercedes del claustro. La primera memoria se incluye en *Souvenirs et Mémoires de la Comtesse Merlin, publiés pour elle-même* (París: 1836), que narra el peligroso cruce de los Pirineos una vez derrotada la ocupación francesa en España. La biografía de la cantante Madame Malibran, *Les loisirs d'une femme du monde,* se publicó en dos volúmenes en Paris en 1838, seguido de una edición pirata hecha en Bruselas con el título que se indica en el prólogo. El polémico ensayo sobre la institución esclavista, «Les esclaves dans les colonies espagnoles», apareció en el número 26 de la *Revue des Deux Mondes* en abril-junio de 1841; se tradujo al castellano el mismo año y en folleto aparte impreso en Madrid, *Los esclavos en las colonias españolas.* Gómez de Avellaneda ofrece los títulos de las obras de la Condesa en castellano, quizás basándose en las traducciones de Agustín de Palma: *Mis doce primeros años* vio la luz en 1838 en una editorial de Filadelfia, auto-financiada por el traductor, y *Memorias y recuerdos de la Señora Condesa de Merlin, publicada por ella misma y traducidos del francés por Agustín de Palma* salió en La Habana en 1853, posterior a la edición príncipe del *Viaje a la Habana* (1844). Véase en la bibliografía las ediciones recientes de estas obras en ambos idiomas.

Nada dirémos de sus obras que el público ha juzgado, y que nosotros pudiéramos relatar de memoria: tanto nos hemos recreado leyendo repetidas veces aquellos cuadros de delicadas medias tintas; aquellos pormenores llenos de interés, que deben su principal mérito á la naturalidad y gracias del estilo.

Si no hay en las obras de nuestra compatriota creaciones estupendas, contrastes maravillosos, poseen la ventaja de que no dejan en el alma ni terror, ni desaliento. Si no hacen vibrar, hasta romperse, las fibras del corazon; si no fascinan al juicio, ni exaltan la imaginacion, hablan al sentimiento; simpatizan con la razon; agradan siempre; muchas veces conmueven, y algunas cautivan poderosamente el ánimo.[21]

¿Qué se puede pedir al escritor que nos dá un libro que despues de leido veinte veces todavía se abre sin fastidio?[22]

No terminarémos sin dar las gracias á aquellos á quienes debemos la esmerada traduccion de la apreciable obra á cuyo frente ponemos nuestros apuntes biográficos, y felicitamos al mismo tiempo á nuestra cara patria, á nuestra bella Cuba, por la gloria que le cabe en contar entre sus hijos á la señora condesa de Merlin; á la que tributamos este leve testimonio de admiracion y aprecio, congratulándonos de que sirvan estas líneas de introduccion ó prólogo á la mejor de sus bellas producciones.

Gertrudis Gómez de Avellaneda.

---

21 Nótese el sutil juego entre identificación y distancia que establece Gómez de Avellaneda con el objeto de su biografía. Gómez de Avellaneda, quién llegará a ser una de las fundadoras del romanticismo español, como también cumbre de la literatura cubana, establece así su autoridad literaria.

22 La eminente escritora romántica sella el prólogo con «broche de oro,» logrando alabar a su precursora y, al mismo tiempo, socavar el valor de su obra. Este doble juego demuestra lo precario que era para «las románticas» (término de Susan Kirkpatrick) el alcanzar un lugar en el panteón literario.

Viaje a la Habana

Carta I

El espectáculo del mar. – La proximidad a la Patria. – Las velas y el vapor. – Matanzas, puerto escondido, Santa Cruz. – Jaruco. – La fuerza. – Vieja. – El morro.

Día 5 de... á las cuatro de la tarde.

Estoy encantada! desde esta mañana respiro el aire tibio y amoroso de los Trópicos, este aire de vida y de entusiasmo, lleno de inexplicables deleites! El sol, las estrellas, la bóveda etérea, todo me parece mas grande, mas diáfano, mas espléndido! Las nubes no se mantienen en las alturas del cielo, sino se pasean en el aire, cerca de nuestras cabezas, con todos los colores del iris; y la atmósfera está tan clara, tan brillante, que parece sembrada de un polvo menudísimo de oro! Mi vista no alcanza á abarcarlo, á gozarlo todo; mi seno no es bastante para contener mi corazon! Lloro como un niño, y estoy loca de alegría! Qué dulce es, hija mia, poder asociar á los recuerdos de una infancia dichosa, á la imájen de todo lo que hemos amado en aquellos tiempos de confianza y de abandono, á esta multitud de emociones deliciosas, el espectáculo de una naturaleza rica y deslumbradora! Qué tesoro de poesía y de tiernos sentimientos no deben dispertar en el corazon del hombre estas divinas armonías.......! [1]

Durante la noche hemos doblado los bancos de Bahama, y desde esta mañana navegamos blandamente en el golfo de Méjico. Todo ha tomado un aspecto nuevo. El mar no es ya un elemento terrible que en sus soberbios furores trueca su manto azul por túnicas de duelo, y su zumbido melancólico por rugidos feroces; no es ya ese pérfido elemento que crece en un instante, y que como un gigante formidable aprieta, despedaza y sepulta en sus entrañas al débil mortal, que se confía á su dominio. Hermoso, sereno, resplandeciente, con una lluvia de diamantes, y agitándose con suaves ondulaciones, nos mece con gracia, y nos acaricia con placer. No, no es el mar, es otro cielo que se complace en reflejar las bellezas del cielo. Cien grupos de delfines de mil colores se apiñan alrededor de nosotros y nos escoltan, mientras qué otros peces de alas de plata y cuerpo de nacar vienen á caer por millares sobre el puente del barco..... diríase que conocen los deberes de la hospitalidad, y que vienen á festejar nuestra venida.

---

1   La primera carta del *Viaje* se dedica a la hija mayor de Mercedes Merlin, Madame Gentien de Dissay, tiernamente evocada a lo largo de la misma como destinataria privilegiada de la memoria. En lo que sigue, el aporte mas valioso que ofrece la Condesa al discurso nacional cubano es imaginar el nexo entre isla y el sujeto del *Viaje* en términos del vínculo primario entre la isla=madre, y la voz narradora=hija pródiga. dispertar: despertar.

DIA 6 Á LAS OCHO DE LA TARDE, Á LA VISTA DE CUBA.

Hace algunas horas que permanezco inmóvil, respirando á mas no poder el aire embalsamado que llega de aquella tierra bendecida de Dios... Salud, isla la encantadora y virginal! Salud, hermosa patria mia! En los latidos de mi corazon, en el temblor de mis entrañas, conozco que ni la distancia, ni los años han podido entibiar mi primer amor. Te amo, y no podría decirte por qué; te amo sin preguntar la causa, como la madre ama á su hijo, y el hijo ama á su madre; te amo sin darme, y sin querer darme cuenta de ello, por el temor de disminuir mi dicha. Cuando respiro este soplo perfumado que tú envias, y lo siento resbalar dulcemente por mi cabeza, me estremezco hasta la médula de los huesos, y creo sentir la tierna impresion del beso maternal.

¡Con qué religioso reconocimiento contemplo esa vejetacion vigorosa que extiende por todas partes su magnificencia, los contornos undulosos de esas costas y los movimientos del terreno, cuyas redondeadas líneas parecen haber servido de modelo á los mas bellos paisajes imaginados por los poetas! Mas allá, sobre colinas ligeramente inclinadas, distingo inmensos bosques virginales que ostentan á los rayos del sol sus eternas bellezas, esas bellezas siempre verdes y siempre floridas que reinan sobre la tierra y quebrantan los huracanes; y cuando veo esas palmeras seculares que encorvan sus orgullosos penachos hasta los bordes mismos del mar, creo ver las sombras de aquellos grandes guerreros, de aquellos hombres de voluntad y energía, compañeros de Colón y de Velazquez, creo verlos orgullosos de su mas bello descubrimiento inclinarse de gratitud ante el Océano, y darle gracias por tan magnífico presente.[2]

DIA 7 AL AMANECER.

He pasado una parte de la noche sobre el puente, en mi hamaca, bañada por los rayos de la luna, y resguardada por la bóveda estrellada del firmamento. Las velas estaban desplegadas: una brisa ligera y caliente rozaba apenas la superficie del mar, del mar resplandeciente, temblante, sembrado de estrellas. El buque se deslizaba suavemente, y el agua, dividida por la quilla, murmuraba y se deshacia en blanquísima espuma, dejando tras de nosotros largos rastros de luz. Todo era resplandor y riqueza en la naturaleza; y cuando yo, hombre débil y mortal, con los ojos fijos en la bóveda del cielo, distinguia las oscilaciones de las velas y de las cuerdas que se balanceaban amorosamente en los aires, cuando veia las estrellas arrojando raudales de luz agitarse é inclinarse muellemente ante mí, me sentia arrebatada de un ex-

---

2   Se refiere al descubridor de América, Cristóbal Colón, y al primer Gobernador de la isla, Diego Velásquez, quien gobernó la isla desde 1511 hasta su muerte el 12 de junio de 1524. En la Lettre XVIII de *La Havane*, la autora compara a las dos figuras históricas y, al final, toma partido por Velásquez, a quien considera «le vrai fondateur de la civilisation espagnole de Cuba» [el verdadero fundador de la civilización española de Cuba] (II, 4-5). A pesar de que escenas subsecuentes del *Viaje* evocan el gesto fundacional de Colón, la Condesa le atribuye a Velásquez el peso del legado hispánico en sedimentar la cultura nacional.

tásis embriagador y divino. Las lágrimas humedecian mis párpados; mi alma se elevaba á Dios, y todo cuanto hay de bueno y de bello en la naturaleza moral del hombre aparecia á mis ojos como un objeto infinito de mi ambicion. Me parecía que sin esta belleza interior no era yo digna de contemplar tanta magnificencia. Un ardiente deseo de perfeccion se apoderaba de mí, se mezclaba al sentimiento de mi miseria, é inclinando mi frente en el polvo, ofrecia á Dios mi buena voluntad como el modesto holocausto de una criatura débil y limitada.

He oido yo hablar de una sustancia maravillosa que los químicos llaman, segun creo, peróxido de azoe: he oido hablar de la vida facticia que produce, y que puede reasumir en un momento de alucinación todas las alegrías de la existencia humana. Pues bien, yo creo que esta sustancia no ha producido jamás un encanto semejante al de esta hermosa noche pasada á la faz del cielo en el mar de los Trópicos.[3]

Dia 7 á las ocho de la mañana.

Algunas horas mas, y estamos en Cuba. Entre tanto permanezco siempre aquí, inmóvil, respirando el aire natal, y en un estado casi comparable al del amor dichoso.

Ya conoces mi repugnancia hácia los barcos de vapor, repugnancia que se aumenta con la idea de la poesía de las velas. La experiencia ha confirmado mi aversion á los unos y mi preferencia hácia los otros. Es incontestable que el movimiento de un barco de vela es mas suave y mas regular que el de un barco de vapor. Este último, ademas del balance y del cabeceo, es combatido sin cesar por el estremecimiento que causa el movimiento de las ruedas, sin contar la violenta y dura sacudida que prueba cuando hiende con esfuerzo las olas agitadas. No hablo del desaseo, de la incomodidad, y de otras desventajas inseparables del empleo del vapor. Los sentimientos de las mujeres no son justiciables de los economistas; por muy admirable que se muestre la inteligencia del hombre poniendo á contribucion los elementos para aprovecharse del resultado de su hidra, á mí me parece mas grande el hombre solo batallando con los elementos. Amo yo mas este combate, este peligro, esta incertidumbre del porvenir, con sus agitaciones, sus sorpresas y su alegría: una travesía á la vela es un poema lleno de bellezas y de peripecias imprevistas en que el hombre aparece en toda la grandeza de su ciencia y de su voluntad, ennobleciéndole el peligro por la audacia calculada con que lo arrostra. A los caprichos ó al furor del mal opone él su fuerza y su prudencia, su vigilancia contínua y su paciencia maravillosa, y siempre en lucha con los innumerables accidentes de los elementos, sabe igualmente sacar partido de ellos y dominarlos.

El hombre ha encontrado el medio de aprisionar el fuego, y de calcular

---

3   Bellísima escena que anticipa lo que el poeta José Lezama Lima, fundador de *Orígenes,* denominó «la noche insular,» experiencia sublime del oscurecer caribeño.

sus efectos. Pero los vientos son inciertos, su fuerza desconocida, su cólera inprevista, y esta misma incertidumbre es la que constituye toda la poesía de los barcos de vela. Es la vida humana con sus incertidumbres, sus esperanzas, sus falsas alegrías; y cuando llega la dicha, cuando el buen viento sopla por la popa, oh! entonces cómo se le recibe, cómo se le saluda, cómo se le festeja, cómo se embriaga la tripulacion entera con su soplo de vida y de esperanza!

Te encantarías si vieses desde la orilla la gracia y la elegancia de nuestro barco, engalanado con todos los atavíos, desplegadas las velas, perfectamente atado el cordaje; se desliza precipitado y gozoso sobre un mar azul, como una jóven que vá á un baile.[4]

Un vapor anda mas; se sabe de antemano el dia de su llegada, hasta se tiene el derecho, como en los acarreos de tierra, de imponerle una multa si no llega á la hora fijada. Tambien sé que hay quien le encuentre muchas bellezas, que los aficionados se extasían con la perspectiva que ofrece la columna de humo disipándose en el aire. En cuanto á mí, el humo no me agrada mas que en las fábricas porque no voy á ellas, y como jamás llevo tanta prisa en mis viajes que tenga que preferir un carruaje de vapor á un buen coche que anda menos y como yo quiero; como, en una palabra, prefiero mi salon á mi cocina, dejaré el barco de vapor á los mercaderes y á las mercancías, y viajaré siempre á la vela.

Al mediodía.

Estoy sentada en mi taburete. El sol vibra sus rayos sobre mi cabeza, y te escribo sobre mis rodillas... ... Soy dichosa, y quiero hacerte participar de mi dicha.

Vamos avanzando con la costa querida siempre delante de nuestros ojos. Una multitud de barcos de pescadores se deslizan por todos lados; se alejan, y se vuelven á la playa. La brisa de mar que se ha levantado hace dos horas llena las velas de los barcos que se encaminan hácia la entrada del puerto. Los unos nos adelantan y los perdemos de vista; los otros nos siguen ó nos disputan el paso, y animados todos en su movimiento, y alumbrados magníficamente por un hermoso cielo, se dibujan en el aire, y se reflejan en la superficie de este mar tan sereno y tan azul, mientras las olas, divididas en todas direcciones por una multitud de quillas, se elevan orgullosamente para caer luego con una especie de voluptuosidad en penachos de espuma, arrastrando en pos de sí millares de peces de mil colores cambiantes que se deslizan, saltan y juegan en el egua.[5]

Ya distinguimos el *Pan de Matanzas;* la mas elevada de nuestras montañas.[6] En la cumbre está la ciudad de este nombre, habitada por dos mil almas, y rodeada de ingenios de azúcar. A alguna distancia, y mas cercana á

---

4   La autora evoca nuevamente la metáfora femenina del goce para describir el placer de arribar a la costa natal.

5   «egua:» Agua.

la costa, descubro la aldea de *Puerto Escondido.* Al ver las cabañas de formas cónicas, cubiertas hasta el suelo de hojas de palmera; al ver los arzales entretejidos de plátanos, que con sus largas hojas protegen las casas contra los ardores del sol; al ver las piraguas amarradas á la orilla, y al contemplar la quietud silenciosa del mediodía, parece que estas playas son todavía habitadas por los indios.

Hénós aquí enfrente de la ciudad de *Santa Cruz,* que recibió su nombre de mis antepasados, y que se adelanta graciosamente hácia la orilla. Su puerto sirve de abrigo á los pescadores y de mercado á los frutos de las poblaciones vecinas. Todas estas pequeñas ciudades situadas á la orilla del mar no tienen privilegio de exportacion sino para la Habana, depósito general de la isla, que las derrama en seguida por todas las regiones del globo.

—¿Qué ciudad es aquella tan bonita, tan pintoresca, con un puerto tan resguardado de los huracanes?—Es la ciudad de *Jaruco,* á la cual vá unido el titulo primitivo de mi familia. Mi hermano es justicia mayor de la ciudad, y lo que es mas, es su bienhechor.[7]

Vamos avanzando rápidamente, y ya se queda detrás de nosotros el castillo de la *Fuerza,* con sus dos bastiones desmantelados y sus dos soldados de guarnicion. En tiempo de Felipe II se trató por primera vez de levantar fortificaciones en sus nuevos estados de Ultramar; pero el consejo real decidió que no habia necesidad: tan grande era entonces en los españoles el convencimiento de su propia fuerza. Sin embargo, los piratas de todas las naciones no tardaron en desolar las costas de la Española y de Cuba. En 1538 esta última isla fué saqueada, incendiada, y destruida por una tropa de filibusteros, y sus habitantes tuvieron que refugiarse en los bosques con sus familias.[8]

El Adelantado, D. Fernando de Soto, cuya autoridad soberana era la isla, mandó que se volviese á levantar la ciudad, é hizo construir el castillo de la *Fuerza,* que no se acabó hasta 1544.[9] Hasta esta época no se permitió á los buques y á las escuadras de los españoles entrar en el puerto.

---

6   Se localiza al sur-este de la ciudad de Matanzas, con una altura de 380 metros sobre el nivel del mar. Capital de la provincia del mismo nombre, Matanzas queda en la costa norte de la isla de Cuba, sobre la bahía de Matanzas, a noventa kilometros de La Habana. En el siglo XIX, era una importante zona de expansión azucarera.

7   Al lento recorrer del barco por la costa, Mercedes Merlin va reconociendo los lugares de su infancia: los pueblos de Santa Cruz y Jaruco, en la provincia de Matanzas. Al compararlo con la convención de la «gira continental,» en el *Viaje…* la emoción de lo sublime ante el espectáculo de la naturaleza, evocada al entrar al puerto de la Habana, se convierte en sensación de *des*-extrañamiento, y, al avanzar el relato, en evocación de lo familiar.

8   El Caribe fue teatro de guerra entre varios poderes europeos, intentos en arrebatarle a España sus avances en el Nuevo Mundo. «Entre 1538 y 1540, corsarios franceses pararon el tráfico marítimo en Santiago de Cuba.» Louis A. Pérez, *Cuba—Between Reform and Revolution* (Nueva York y Oxford: Oxford University Press, 2006), p.26. Traducción propia.

9   *Adelantado Fernando de Soto*: (1497?-1542). Conquistador español, nació en Extremadura. Llegó a Costa Rica en 1513-1514 con la expedición de Pedro Arias de Ávila. Jugó un papel protagónico en la conquista de Perú, 1531-1534. Regresó a España en 1536 y contrajo matrimonio con Doña Isabel de Bobadilla, hija del gobernador Pedro Arias. En 1537 fue nombrado gobernador de Cuba y adelantado de la Florida. En 1539 zarpó hacia la Florida, dejando a su esposa a cargo del mando de la isla. Después de un azaroso recorrido por el sur de Estados Unidos, donde se topó con el río Mississippi, murió en Luisiana, fracasado y extenuado, en el año 1542.

En este mismo año una porcion de buques de guerra, mandados por Roberto Bate, atacaron otra vez la ciudad, que fué valerosamente defendida por el comandante del puerto y por los habitantes. El consejo real mandó que no se perdonase gasto para fortificarla. Entonces fué cuando se levantó el castillo de *El Morro* con sus formidables bastiones, y el puerto de la Habana, que era ya el mas hermoso y el mas seguro de América, se hizo tambien el mas fuerte de toda ella.[10] La antigua fortaleza de la *Fuerza* fué casi abandonada; sin embargo, teniendo en consideracion su antiguo servicio y su situacion al Norte, se le conservó en la honrosa calidad de obra avanzada, se le dejaron sus dos soldados de guarnicion y su antiguo nombre de *Fuerza,* añadiéndole solamente el adjetivo *Vieja*.[11]

Ya volverémos á tratar de todo esto, querida hija mia. Estoy ya enfrente del puerto, y mi emocion es tan grande, que apenas puedo contenerla. Aquí está *El Morrillo,* cuyos contornos se dibujan en la masa rojiza de la luz con su campana y su ligera cúpula chinesca.[12] Alrededor de ella flotan á merced del viento y en diferentes direcciones mil banderolas de variados colores que anuncian la nacion y el calibre de los barcos que estan en el puerto.

---

10   *Castillo del Morro:* la más imponente de las fortalezas construídas por los españoles para proteger el puerto de La Habana, ya que los barcos cargados de oro y plata de México y Perú se abastecían en Cuba antes de emprender la larga travesía hacia España. Punto dominante en la bahía de La Habana, el Morro se construyó por el ingeniero italiano Juan Bautista Antonelli; se inició en 1589 y se completó en 1640.

11   *Castillo de la Fuerza:* La fortaleza más antigua de Cuba, se empezó en 1558 y se terminó en 1577. Sirvió de residencia de los capitanes generales y de almacén para guardar el oro, la plata y otras mercancías de valor que iban en tránsito hacia España.

12   *El Morrillo*: Pequeño fortín que domina una playa en la costa de la ciudad de Matanzas, la construcción se inició en 1720 y se terminó en 1790.

Carta II

La carcel de Tacon. – La Habana. – Aspecto de la ciudad. – Santa Clara. – Movimiento y fisonomia del puerto. – Las calles y las casas.

El 7 á mediodía.

Delante de mí, hácia el lado de Occidente, el Morro, edificado junto á una roca, se levanta atrevidamente, y se destaca por cima del mar... ... Pero qué ha sido de esa enorme masa que parecia amenazar al cielo? De esa roca colosal que me figuraba en mi imaginacion tan alta como el Atlas? Ah! me había engañado, no tiene las mismas proporciones; en lugar de aquella pesada y colosal fortaleza, la torre del Morro me parece solamente atrevida, delicada, armoniosa en sus contornos, una esbelta columna dórica asentada sobre una roca. Todos los sentimientos del hombre se modifican con el tiempo. El castillo del Morro está blanqueado, y su brillo contrasta con la negrura de la roca y con la cintura sombría que forman al rededor de él *los doce apóstoles* que lo circundan (1). Ahora nos dirigimos hácia la izquierda; el viento viene de popa; algunas brazas aun y tocamos al puerto. Antes de entrar en él, sobre la orilla derecha, al lado del Norte, se divisa un pueblo cuyas casas, pintadas de colores vivos, se mezclan y confunden á la vista con los prados floridos, donde parecen sembradas. Parecen un ramillete de flores silvestres en medio de un parterre. Estos son los arrabales de la Luz y de Jesus y María, compuestos antiguamente de *bojios,* y transformados ahora en quintas elegantes. Como un pensamiento de muerte en un dia de felicidad, se eleva un colosal fantasma en medio de bonitas habitaciones, á las cuales parece rodear con un blanco lienzo... ... En estos espesos muros, cuyas agudas y mortíferas puntas se descubren á lo lejos sobre cada uno de los pisos, reconozco la *cárcel* de Tacon.[13]

A algunos pasos de distancia, y rodeado de gigantescos cipreses, se distingue un cementerio, el cual no existia en mi infancia. Yo reconozco ese lugar fúnebre con la cruz negra que, como una morada de misericordia, se extiende sobre los sepulcros. En otro tiempo se encerraba bajo las losas de las iglesias la ceniza de los muertos, y en vano pedia un reposo solitario bajo la bóveda de los cielos. Mas allá, no lejos de la playa, en medio de un arenal ardiente, á la orilla del mar, está la casa de *beneficencia*.[14]

---

(1)   Doce cañones de grueso calibre llamados vulgarmente *los doce apóstoles*. (N. del A.)

13   El Capitán General Tacón gobernó la isla entre 1834 y 1838, época de la Ilustración cubana. *Bojio* (bohío): vivienda indígena, común en los campos de Cuba.

14   La casa de Beneficencia, evocada igualmente en *Cecilia Valdés* de Cirilo Villaverde, se encontraba en la Habana Vieja.

Pero hé aquí, hija mia, que la ciudad empieza ya á confundirse con los barrios. Héla aquí! Ella es, ella, con sus balcones, sus tiendas y sus azoteas, con sus preciosas casas bajas de la clase media, casas de grandes puertas cocheras, de inmensas ventanas enrejadas; las puertas y las ventanas, todo está aquí abierto; se puede penetrar con una mirada hasta en las intimidades de la vida doméstica, desde el patio regado y cubierto de flores hasta el aposento de la niña, cuyo lecho está cubierto de cortinas de linon con lazos de color de rosa. Mas allá estan las casas aristocráticas de un piso, rodeadas de galerías que se anuncian á lo lejos por sus largas filas de persianas verdes.[15]

Ya distingo el balcon de la casa de mi padre, que se prolonga frente por frente del castillo de la Punta.[16] A un lado hay un balcon mas pequeño... Allí era donde, siendo yo niña, contemplaba el cielo estrellado y resplandeciente de los Trópicos. Allí donde, al ruido sordo y regular de las olas que se deshacian en espuma sobre la playa, exhalaba mi alma sus primeros perfumes, y se perdia en religiosas contemplaciones! Allí donde inquieta, turbada, enternecida, con los ojos fijos en la inmensa extension de la mar azul y centellante, adivinaba yo en los candorosos ímpetus de mi corazon que habia una cosa tan vasta como el mar, tan movible, tan grande, tan poderosa! Sentia yo ya moverse fuera de mí misma este mundo inferior en donde bullian á lo lejos todas las alegrías y todos los dolores humanos; pero cuyos primeros rumores llegaban á mí acompañados de tan puros deleites y de tan deliciosas armonías! ...[17]

Hé aquí los campanarios de la ciudad elevándose en los aires! Entre ellos reconozco el de Santa Clara, y me figuro distinguir encima de él la imágen de Santa Inés, sosteniéndose allí como una nube ligera, con su rostro pálido y sus grandes ojos negros! [18] Allí está el antiguo espectro de Dominga la mulata expiándome al través de los claustros con su linterna sorda! [19] Las ilusiones y las realidades se confunden en mi turbado cerebro, y hacen latir mi corazon como si quisiera salirse del pecho.

Pero ¿qué es lo que veo á la entrada de la ciudad? El terrado de la casa de mi *mamita!* [20] Mi alma quiere volar hácia esos lugares, y penetra con un santo respeto dentro de esos muros ennegrecidos por el tiempo, donde la mano de un ángel sirvió de apoyo á mis primeros pasos; donde, á la sombra

---

15   Esta bella evocación de la casa criolla demuestra el tinte romántico de la autora, al teñir la memoria de isla con un concepto idealizado del *domus* insular.

16   *Castillo de la Punta.* Fortaleza que domina la bahía de La Habana, parte de la red de fortificaciones unida al Castillo del Morro.

17   La Casa del Conde de Jaruco está situada en la Plaza Vieja, en la esquina de las calles Muralla y San Ignacio.

18   *Convento de Santa Clara*: Situado en la calle Cuba, entre las calles Sol y Luz de La Habana Vieja, se fundó en 1648. Fue el primer monasterio de la colonia. Ahí se internó la joven Mercedes en contra de su voluntad.

19   La autora evoca aquí la escena climáctica de *Mes douze premières années,* cuando logra escaparse del convento con la ayuda de la monja Inés, idolatrada hasta el punto de la santidad en este texto. También evoca los ojos vigilantes de Dominga, la esclava de la superiora, su tía paterna, quien fue encargada de mantener a la niña encerrada en el claustro.

20   La bisabuela materna, la venerable Doña Luisa Herrera y Chacón, a quien se le confió el cuidado de la niña cuando sus padres adolescentes emprendieron viaje a Europa poco después de su nacimiento.

de sus alas maternales, crecí resguardada de esos tiros envenenados, cuya herida empaña para siempre la pureza! Aquí fué donde, siempre rodeada de ejemplos de bondad y de sabiduría, aprendí á conocer y á amar el bien; aquí donde la virtud me pareció inseparable de nuestra propia naturaleza, tan natural, y tan simpáticamente veia yo aplicados sus divinos preceptos á las acciones mas simples de la vida.... Oh hija mia! á qué inspiracion tan hermosa he obedecido cuando, para cumplir un deber, he emprendido un viaje tan largo y tan peligroso! [21] Cuá[n]tas gracias doy á Dios por haberme conducido al través del Océano á dos mil leguas de mis hogares, para saludar una vez todavía la tierra que me ha visto nacer! Teresa, Mariana, mis amadas tias, vosotras tan jóvenes, tan hermosas, que llenasteis tan dignamente hácia mí los deberes y la responsabilidad que impone el cuidado de una vida naciente, recibid el homenage de un corazon reconocido! Mi alma se enternece profundamente á la vista de estos lugares en que yo vine al mundo entre tanto amor y tan tiernas solicitudes, y donde yo he visto brotar tan nobles inspiraciones y tan hermosos sentimientos! Aquí la caridad se practicaba en el seno de la familia, se practicaba sin ostentacion, é iba siempre acompañada de esta sencillez encantadora, de este franco candor, propio de los criollos, que subyuga los corazones..! A tales recuerdos se despiertan mil ardientes sentimientos en mi corazon. ¡Oh sombra de mi madre, de la querida de mi corazon, que vuelas como un vapor suave al rededor de esta dichosa morada, yo te saludo! Alma querida, bendíceme!

Pero ya los balcones se llenan de gente á nuestro paso; nos señalan, nos saludan de todas partes. Entre la multitud distingo muchas negras vestidas de muselina, sin medias y sin zapatos, que llevan en sus brazos criaturas tan blancas como el cisne; y distingo tambien muchas jóvenes de esbelta estatura y de tez pálida que atraviesan con ligereza las largas galerías, con su cabellera negra, suelta en bucles flotantes, con sus vestidos diáfanos que agita la brisa y se transparentan al sol...! El corazon se me oprime, hija mia, al pensar que vengo aquí como una extranjera. La nueva generacion que voy á encontrar no me reconocerá á mí, y á una gran parte de la generacion anterior acaso yo no la reconoceré! [22] Héme aquí enfrente de mi balcon que se adelanta hácia el mar, donde todos se agitan, se apiñan, extienden los brazos, despliegan los pañuelos, y parecen apostar sobre quién me verá primero... La casa me es desconocida; no dice nada á mis antiguos recuerdos, y sin embargo yo no sé qué simpatía secreta, qué misterioso atractivo me arrastra hácia ella.

---

21 El «deber» a que se refiere la condesa era reclamar la herencia que le correspondía como hija del Conde de Jaruco, quien había disipado su fortuna a pesar del fiel y útil servicio prestado a la corte española. Quería también rendirle cuentas a su hermano, don Francisco Javier, quien había heredado el título nobiliario junto con la mayor parte de la fortuna familiar. El episodio se documenta en Belkis Cuzá Malé, «*Viaje a la Habana*: la Condesa de Merlin,» *Linden Lane Magazine* 2 (1983): 11-12. Sin la pensión a la cual tenía derecho como viuda de un militar francés, la Condesa se vio en una situación precaria, factor que la impulsa a escribir la crónica de viaje.

22 Con estas emotivas palabras, la condesa de Merlin pone acento a la experiencia que han sufrido los cubanos, ya que el destierro ha sido una constante en la historia de la nación. Otro gran aporte de la autora al discurso nacional es el articular la conciencia de la pérdida, superando así el discurso de la lejanía.

¡Oh! sí, es la casa de mi tio Montalvo, de mi amigo, de mi protector, de mi padre; no era menester que me lo dijese mi *cicerone* D. Salvador, el capitan del buque negrero; mi corazon lo habia adivinado.[23]

Pero ¿de dónde vienen esas voces mezcladas á tan monotonas y tristes cadencias? Así como al acercarse á un torrente se siente llenarse el aire de armonías salvages, así estas voces son gritos y cantos á la vez. Y qué cantos, Dios de misericordia! Si tú los oyeses, hija mia! Mas bien que armonías humanas parecen un concierto dado por dos espíritus infernales al rey de las tinieblas en un dia de mal humor. Es el murmullo de las aguas mezclado al ruido de los remos movidos en todas direcciones por negros medio desnudos, que conducen innumerables barquichuelos, y gritan, fuman, y nos enseñan sus dientes en señal de contento, para darnos la bienvenida.

Atravesamos sus muelles poblados de una multitud mezclada de mulatos y negros: los unos estan vestidos de pantalon blanco, de chaqueta blanca, y cubiertos de grandes sombreros de paja; los otros llevan un calzon corto de lienzo rayado, y un pañuelo de color liado á la frente; los mas llevan un sombrero de fieltro gris calado hasta los ojos, una faja encarnada prendida con descuido al costado; todos sudan con el calor, y sin embargo todos se muestran listos y serviciales. Se ven infinidad de toneles, de cajas, de fardos, conducidos en carros, tirados por mulas, y guiados negligentemente por un negro en camisa. En todas partes hay letreros que dicen *café, azúcar, cacao, vainilla, alcanfor, añil,* etc., sin dejarse de oir un momento las canciones y los gritos de aquellos pobres negros que no saben trabajar sino al compás de estrepitosos gritos, marcados con pronunciadas cadencias.[24] Todo el mundo se mueve, todo el mundo se agita, nadie para un momento. La diafanidad de la atmósfera presta á este ruido, así como á la claridad del dia, algo de incisivo, que penetra los poros, y produce una especie de escalofrios. Todo es aquí vida, una vida animada y ardiente como el sol que vibra sus rayos sobre nuestras cabezas.

Acabamos de echar el ancla en medio de un bosque de mástiles y de cuerdas. Los pasageros preparan su pasaporte; me acuerdo yo del mio, y pudiera estarlo buscando todavía. Despues de haber rebujado todos mis papeles, he visto que lo he dejado en París, y sin embargo he atravesado la Inglaterra y los Estados Unidos sin que nadie me haya preguntado por él. Si bien es verdad que las cosas se llevan aquí de otra manera, confio en que no tendré que volverme sin haber pisado la tierra natal. Al llegar á ella me parece que llego á mi casa. ¿Qué derecho mas sagrado que el de vivir en el suelo donde se ha nacido? La sola propiedad incontestable del hombre debe ser esta, la patria. Este primer lote que la naturaleza nos concede al nacer, no es sin embargo mas espacioso que el último.[25]

---

23   «*Mi tio Montalvo*»: Juan Montalvo y O'Farrill. A pesar de tratarse de un tío materno, Merlin se refiere á él como sustituto del padre, ya que se albergó en su casa durante la visita a la ciudad natal.

24   Productos del país; los dominantes eran el azúcar y el café. Nótese la ambigua apreciación de la Condesa acerca de la población esclavizada.

25   Esta segunda declaración del derecho «incontestable» de pertenecer a la patria –no obstante las circunstancias del destierro, emigración, o exilio– marca el aporte del *Viaje a la Habana* al discurso nacional. Emblema de otro siglo y sensibilidad, la condesa atraviesa el Atlántico y cruza fronteras sin carta de ciudadanía.

Una infinidad de barquichuelos se dirigen hácia nosotros conduciendo amigos, y curiosos, y empleados de la aduana, y por medio de estos un recado muy cumplido de parte del intendente. Esto es ya un buen agüero para el negocio del pasaporte. Entre la multitud de chalupas distingo una que se apresura, y parece impaciente por abordar nuestro buque. Está pintada de blanco con franjas encarnadas, y sus remeros vestidos de pantalon blanco y ceñidos de fajas azules y carmesíes, jadean, sudan, hinchan el pecho, y avanzan, avanzan hasta tocar nuestro dick.[26] En ella vienen cuatro jóvenes, el mayor de los cuales podrá tener veinte años, que extienden los brazos y agitan los pañuelos. Sus vestidos son elegantes y de buen tono, sus estaturas altas, su tez todavía adolescente está sombreada por un bozo suave, y sus vivas miradas se velan con una tinta agradable de juventud y de candor. Nótase un aire de finura y delicadeza en todas sus personas, y segun dan muestras de querer saltar de la chalupa, se les tendría por un nido de los mas hermosos pájaros americanos. Son los hijos de mi tio Montalvo, mis primos hermanos. Los agentes de la junta de sanidad deben venir, y no vienen. Entre tanto se nos trata como apestados, y estamos reducidos á cambiar algunas palabras con las personas que se pasean en las barcas al rededor del buque. Al cabo nos avisan que los representantes de la facultad de medicina estan comiendo, y como estos señores tienen la costumbre de no dejarse interrumpir en tales ocasiones, nos vemos obligados á permanecer todavía algun tiempo en nuestro calabozo al aire libre.

Hé aquí que distingo un hombre de edad avanzada, vestido de negro, con la gran cruz de Isabel la Católica, con los cabellos empolvados, de rostro pálido y de facciones finas, mirada expresiva y maneras nobles; viene solo y de pié en una chalupa….. me llama, oigo mi nombre, *Mercedes;* me llama con una voz dulce y conmovida; ¡*Mercedes!* ¡sola! ¡sola! y sus ojos notables por una inefable expresion de bondad, se arrasan de lágrimas…, me llama, y me mira como á mi madre. Sí, es él, es mi tio querido! Lo adivino mas bien que reconocerlo; no encuentro diferencia entre estos dos movimientos de mi alma. Dijérase que en este instante mi corazon está en mi vista, porque siento confundirse mi corazon, mi vista, y mi memoria en esta viva revelacion. La chalupa se acerca seguida de otras chalupas. Mi tio, mi hermano, todos los mios vienen sin duda con ellos! Mi corazon los está llamando, me muero de ansiedad y de impaciencia! Todavía mas barcas; por fin una de ellas aborda el buque… son ellos… —Adios, angel mio, adios.[27]

El mismo dia por la noche.

Son las doce de la noche, y me siento muy cansada; pero no quiero acostarme sin contarte una parte de mis impresiones de esta tarde.

---

26   «*Dick:*» Del inglés, terraplén de una acequia. Puede que se refiera también al inglés «deck,» esplanada de un barco.

27   Como hija pródiga, Mercedes Merlin, *née* Santa Cruz y Montalvo, vuelve a encontrarse con los suyos –la polaridad entre extrañeza/familiaridad alcanza el máximo grado de tensión, tal como lo muestra el quiebre de la textura narrativa.

Hemos bajado al muelle, enfrente de la iglesia de San Francisco. Despues de haber paseado por el malecon, subí al carruaje con mi tio, y nos dirigimos á su casa. No sé decirte, hija mia, cuál ha sido mi emocion al encontrarme en medio de esta ciudad en que he nacido y donde he dado mis primeros pasos en la vida. Cada objeto que hería mi vista renovaba una impresion de mi infancia, y me sentia penetrada de una alegría algo salvage que me hacia llorar y reir al mismo tiempo. Me parecia que todo lo que veia era mio, que todas las personas que encontraba eran amigos: hubiera abrazado á las mujeres; les hubiera dado la mano á los hombres; todo me gustaba; las frutas, los negros que las llevaban de venta, las negras que se pavoneaban balanceando sus caderas en medio de la calle con sus pañuelos en la cabeza, con sus brazaletes y su cigarro en la boca; me gustaban hasta las plantas parásitas que crecen entre las guirnaldas del *aguinaldo*[28] y de la *manzanilla*[29] que penden de las paredes; el canto de los pájaros, el aire, la luz, el ruido, todo me embriagaba; estaba loca, y era feliz.[30]

A estos placeres que se unian con mis recuerdos, sucedía la sorpresa encantadora que me causaba la extraña apariencia de esta ciudad de la edad media, que se ha conservado intacta bajo el Trópico, y estas costumbres singulares en que se reconoce á la vez á la España y á la América. Estas calles estrechas, de casas bajas, con balcones de madera y ventanas enrejadas toda abiertas; estas habitaciones tan aseadas, tan llenas de luz, tan alegres, donde se encuentra el *Quitrín,*[31] carruaje del pais; en la sala, en estas salas tan frescas y tan elegantes; luego la niña, como la llaman aquí,[32] envuelta en su ropa aérea, con los brazos desnudos y enlazados á la reja, mirando con aire de curiosidad á la calle, y en el fondo el patio guarnecido de flores; la fuente, cuyos saltadores frescos y limpios derraman la vida en los pétalos de la *pitalaya*[33] y del *volador*[34].....Pero hasta mañana, hija mia; ya te diré las nuevas emociones que me esperaban al entrar en casa de mi tio.

---

28 *Aguinaldo*: «Planta tropical silvestre (…) muy común en Cuba y que florece por Pascua de Navidad.» *Diccionario de la lengua española,* 22da. ed., *Real Academia Española,* 2001, versión digital. Las referencias siguientes son a esta edición y aparecen en las notas como *RAE.*

29 *Manzanilla*: Hierba con capacidades curativas, de tallos débiles y ramosos, cuyas flores olorosas tienen el centro amarillo y la circunferencia blanca. *RAE.*

30 Merlin inaugura a la vez que continúa el discurso de *la pertenencia*: la enumeración de frutas y plantas de la isla, técnica utilizada desde la poesía de la colonia para identificar los elementos fundantes del discurso nacional (Vitier, *Lo cubano en la poesía*).

31 *Quitrín:* Carruaje colonial, de grandes ruedas. Inmortalizado en el grabado de Frédéric Mialhe, *Viage pintoresco alrededor de la isla de Cuba dedicado al Señor Conde de Villanueva* (La Habana: Litografía de Luis Marquier, circa 1840). El grabado se encuentra en la Cuban Memorial Collection de la Otto G. Richter Library, University of Miami, Coral Gables.

32 Se acostumbraba llamar «niña» o «niño» a los jóvenes de la aristocracia azucarera, aún en edad adolescente.

33 *Pitalaya: Pitahaya.* «Planta de la familia de las Cactáceas, trepadora y de flores encarnadas o blancas.» *RAE.*

34 *Volador*: Árbol tropical americano, corpulento, de copa ancha, flores y fruto seco y redondo. *RAE.*

Carta III

Interior de la familia. – Lujo en la mesa. – Comida de los criollos. – Mi tio el conde de Montalvo. – Una fiesta en el campo. – Las mujeres y los regalos. – Los caminos. – El sol de los troncos. – La noche en la Habana. – El derecho de asilo. – Los asesinatos. – Jose Maria y Pedro Pablo. – Los yerros y los bandidos. – Las calles por la noche. – Paseo de Tacon.

11 de junio, Habana.

Me ha sido imposible escribirte, Teresa mia, durante muchos dias. La casa de mi tio Juanito, á quien debo la hospitalidad, no se ha desocupado desde mi llegada. Estoy rodeada de parientes, de amigos, de antiguos criados de la familia; á los unos los reconozco á pesar de las injurias del tiempo, á los otros no los he podido reconocer. Una juventud cariñosa que me trata con fraternal familiaridad, y me es enteramente desconocida; caras extrañas, pero francas y alegres, se me presentan como para hacerse retratar, preguntándome con tono gracioso: «me conoces?»; y yo, para no disgustarlas, les respondo siempre que sí. Ademas de esto me sucede que confundo á todos los unos con los otros, tomando al hijo por el padre, al sobrino por el tio, y cometo otra porcion de torpezas que excitan una risa general. Llegan en seguida los negros y las negras alegres y enternecidos, presentándome cada cual la lista de sus derechos á reconocerme y á ser reconocidos á su vez; la una dice que me llevaba en brazos; la otra que jugaba conmigo; otro que me calzaba; aquella que cantaba para dormirme; esta que debió su libertad á los cuidados que me prodigó en mi infancia.[35] Llega en seguida mi hermano de leche, un negro alto, de mas de seis pies, hermoso como su madre, de dulce y tierna fisonomía. En fin, ¿lo creerás? hasta mamá Agueda, la nodriza de mi madre, que vive aun, ha andado dos leguas, á pesar de sus muchos años, para venir á besarme la mano, y llamarme su hija..... Si vieses á la pobre vieja con sus manos descarnadas, y sus brazos mas descarnados aun, con su vestido de manga corta, y su pecho arrugado y descubierto hasta la cintura! De aquí abajo lleva solamente un vestido ligero de batista de colores estravagantemente mezclados; un manton oscuro cubre su cabeza y rodea su rostro negro y arrugado, del cual se destacan dos grandes ojos negros á la flor de la cara, dos ojos cuya brillante blancura revela aun el ardor de su sangre africana, pero cuya expresion salvaje está templada por una debilidad en los rayos visuales, que prueba la decadencia de su naturaleza. Hé aquí á la buena vieja colocada delante de mí,

---

35   Se trata de Mamá Dolores, la nodriza de Mercedes, a quien ella liberó por petición a su padre antes de salir de Cuba en 1802; escena narrada al final de *Mes douze premières années,* reproducida en la Comtesse Merlin, *Les esclaves dans les colonies espagnoles* (París: Editions l'Harmattan, 2006), pp. 25-27.

y sentada en el mejor sillon de mi cuarto, con las manos apoyadas en sus rodillas, devorándome con sus ojos, y respondiendo á cada pregunta que yo la
hago sobre un individuo de su familia: *«mori»* (ha muerto).

La casa de mi tio es muy grande, y está rodeada de altas galerías, que se
pierden de vista, cerradas de persianas para evitar los rayos del sol. En una
de estas galerías es donde comemos, porque aquí los comedores en el interior
de las casas estan prohibidos á causa del calor. Las familias son tan numerosas,
que aun para las comidas ordinarias necesitan un grande espacio, y tienen
siempre cierto aire de fiesta que las dan el número de convidados y de criados
y la desordenada profusion de los manjares. No es nada extraño, por pocos
convidados que asistan, gastarse en una de estas comidas de tres á cuatro mil
duros. No hay casa opulenta que no tenga un cocinero francés, y no pueda
reunir de este modo en su mesa los platos mas esquisitos de la cocina francesa,
con las riquezas de este género que la naturaleza prodiga á nuestras colonias.

Los habaneros comen poco á la vez, como los pájaros; á cualquiera hora
del dia se les encuentra con una fruta ó un terron de azúcar en la boca; por lo
demás prefieren las legumbres, las frutas, y sobre todo el arroz; la carne es
un alimento poco conveniente al clima; son sobrios mas bien que gastró-
nomos. Los señores de la alta clase, á pesar del lujo europeo de sus mesas, re-
servan la verdadera simpatía para el plato criollo; gustan de los otros manjares, pero se alimentan principalmente de aquel; los unos son el lujo de la
opulencia que sirve para regalar al extranjero, el otro es como estos muebles
ordinarios, descoloridos tal vez por el uso, pero que conservan los pliegues del
cuerpo, y cuya tela se prefiere á las cachemiras y los brocados. Yo misma que
no las pruebo hace muchos años, no sabré decirte con qué delicia saboreo estos
camitos que parecen terciopelo, estas *zapatillas* suaves y de un gusto silvestre,
estos *mameys,* alimento de las almas bienaventuradas en los valles del otro
mundo, segun la creencia de los habitantes de Haiti, y en fin el *mamon,* crema
esquisita, cuyo gusto compuesto de los mas deliciosos perfumes es un néctar
digno del Paraiso. [36] Mi tia me fué á servir el primer dia de uno de los mejores
platos de nuestra cocina, y yo alegre y modesta en frente de un simple *asiaco*
le respondí con tono desdeñoso: «no, no me gusta; no he venido aquí sino para
comer platos criollos.» [37]

---

36   La condesa confunde la lista de frutas tropicales: *camitos* por caimitos; *zapatillas* por za-
     potillo; *mameys* por mameyes, *mamon* por mamoncillo. A continuación la descripción de
     las frutas: *Caimitos:* Voz arahuaca. Fruto del árbol silvestre del mismo nombre, redondo,
     del tamaño de una naranja, de pulpa azucarada. *RAE. Zapatilla-Zapotillo:* Voz nahuátl.
     Fruto del zapote chico, árbol americano de gronco grueso y recto y copa piramidal. El
     fruto, de unos 7 cm de diámetro, tiene la corteza parda y la pulpa rojiza, muy suave y
     azucarada, y semillas negras y lustrosas, con almendra blanca y amarga. La planta destila
     un jugo lechoso. *RAE. Mamey:* Voz taína, fruto del árbol de mamey. El mamey emble-
     matiza el sabor de la isla con su forma ovoide, de 15 a 20 cm, cáscara áspera, pulpa roja,
     dulcísima al paladar. La semilla lisa de 4 a 5 cm de longitud es color de chocolate por
     fuera y blanca en lo interior. *RAE. Mamón:* Fruto del árbol del mamón, de pulpa acída
     y comestible, con hueso almendrado. *RAE.*

37   *Asiaco:* ajiaco, potaje compuesto de legumbres, carne, y tubérculos como la malanga. Para
     Fernando Ortiz, índice del proceso de transculturación entre la cultura española,
     africana, e indígena que sedimentó la cultura cubana.

Por grande que sea la casa de mi tio, apenas bastará con su familia y sus criados; tiene diez hijos, otros tantos nietos, y mas de cien negros para su servicio. Mi tio es un excelente sugeto, amante de su pais con pasion, y de una bondad inexplicable; su filantropía no se limita solamente á los que le rodean, sino que se estiende á todos los desgraciados. Sumamente instruido en fisiológia y en medicina, cura un gran número de enfermedades, y no se limita á sus hijos y á sus esclavos, sino que como su ciencia es en cierta manera venerada, y es fama que ha hecho curas maravillosas, lo llaman de todas partes. Es tanta la humanidad de su corazon; que en medio de lo[s] criados que reclama su casa donde tiene que velar sobre ochocientos esclavos, y á pesar del gran número de negocios públicos que le ocupan, toda vez que un pobre enfermo reclame su asistencia, corre á prestarle sus auxilios y sus socorros, aunque sea en mitad de la noche.

Temeroso de no bastar por sí solo á hacer todo el bien que quisiera, ha comunicado á todos sus hijos sus especiales conocimientos, y no es raro encontrar á alguna de aquellas interesantes muchachas, imájenes vivas de la caridad, animadas de una benéfica esperanza, preparando con sus manos blancas y delicadas los medicamentos que su padre le ha enseñado á confeccionar y aplicar. Pero sobre todo cuando se trata del bien del pais, es cuando hay lugar de admirar la actividad de mi tio, entonces se hace infatigable. La mayor parte de las comisiones formadas para aumentar la prosperidad de la isla le cuentan por miembro ó por presidente.[38] Siempre es el primero cuando se trata de estimular un descubrimiento, de dar impulso á algun proyecto útil al pais; y todo esto con la vehemencia, con la firmeza y calorosa voluntad que parecen tambien frutos de nuestro sol.[39]

Mi tia María Antonia es una santa mujer; ella hace por sus manos la canastilla para sus negras, y envia una parte de las viandas delicadas de su mesa á sus esclavos viejos ó enfermos. Jamás riñe á sus negros, antes les permite todo género de pereza y de descuidos; así es que, excepto á la hora de la comida, se encuentra á sus negras tendidas todo el dia en el suelo sobre esteras de junco, cantando, conversando y peinándose unas á otras.

Desde mi llegada ha habido todas las noches una brillante concurrencia en casa de mi tio, donde tengo lugar de observar toda la gravedad española, y toda la indolencia de los criollos y de los naturales.[40] Los hombres se pasean

---

38   Se refiere a la Sociedad Ecónomica de Amigos del País, agrupación de criollos ilustrados dedicada a fomentar el desarrollo y prosperidad de la isla. Fundada en 1791 con veinteisiete hacendados, creció rápidamente en número y a lo largo de la isla. Adquirió considerable influencia bajo el mando de Francisco de Arango y Parreño (1765-1839), el responsable de impulsar la economía del azúcar posterior a la revolución de 1791 en Haití. El objetivo principal de la Sociedad Económica era diseminar información acerca de la producción agrícola. Publicaba además el *Papel Periódico*. Louis A. Pérez, Jr., *Cuba— Between Reform and Revolution* (New York y Oxford: Oxford University Press, 2006), 51. Pronto se abrirá la grieta entre los intereses económicos de criollos y peninsulares, especialmente en torno a la trata esclavista y el cultivo del azúcar.

39   La autora retrata al criollo ilustre como medida para proyectar su propio deseo de participar activamente en el proyecto cívico.

40   La primera de varias reflexiones sobre el despertar de una conciencia nacional en Cuba, continuidad y ruptura con el legado hispánico en la isla. Nótese la sutileza con que Merlin perfila la idiosincracia del criollo y de la cubanidad.

fumando por corredores alumbrados por bujías, y tratan de negocios ó de galantería, mientras que las mujeres sentadas en círculo en sillas que se balancean solas, y que se llaman *butacas,* hablan entre sí con esa voz un poco metálica que tú sabes, y abanicándose sin cesar, por mas que la brisa de mar que entra por los balcones barra los pavimentos, y haga abrirse y cerrarse las puertas. Tal es esta brisa, que apagaría todas las luces sino se tomase la precaucion de tenerlas bajo campanas de cristal; pero fuera de la corriente la atmósfera quema como lava inflamada del Vesubio.[41]

Apenas suena la primera campanada de la oracion, se interrumpen todas las conversaciones; los concurrentes se levantan, y rezan en voz baja; cesa de sonar la campana; todo el mundo se abraza, y se dá las buenas noches; los niños vienen á besar la mano á su madre, y la gente se vuelve á sentar y á continuar la tertulia. La mayor parte de estos coloquios son de poca importancia, como en todas partes; pero· aquí á lo menos tienen el mérito de una naturalidad encantadora. El carácter sencillo de las criollas presta á su trato un atractivo indecible; todo es natural en ellas, y se las vé envejecer sin apercibirse de ello, y sin que la pérdida de sus encantos afecte vuestro cariño. Jamás se les ha ocurrido teñirse las canas, ni ocultar una arruga. Esta pureza de alma, esta abnegacion voluntaria no solo las hace mas amables, sino que prolonga su juventud, y las hace amar á pesar de los años.

La vida doméstica de la Habana parece renovar los encantos de la edad de oro. Siempre se encuentran aquí un trato candoroso y apasionado, el abandono y la confianza, la fé en el amor y en la amistad; hay en estas gentes algo de simpático y de acariciador que penetra hasta el fondo del corazon. ¡Qué cosa mas dulce que esta seguridad en la benevolencia y en el afecto de todos los que nos rodean! [42]

Poneos á escuchar á la puerta del salon donde está reunida la familia; todo es petulancia, alegría, abandono, delirio; todo el mundo se tutea; las edades y las conversaciones se confunden; todo el mundo es feliz; el corazon se ha encargado de hacer los honores de la fiesta.

No podré decirte los cuidados y las finezas de que soy objeto. Todos me vienen á ver, y todos me hacen regalos. Las frutas y las flores llueven sobre mí; me dan hasta oro; porque es costumbre de los criollos el regalarse en familia una onza de oro, come si fuese una anana ó un mamey, y todo esto con una injenuidad, con un cariño verdaderamente admirable.[43] Los regalos se hacen siempre llenos de dijes, de flores y de dulces, cuando no consisten en estos objetos. Pero los qué yo recibo con mas gusto son los que me suelen hacer mis primas por medio de alguna de sus hijas; la hermosa niña viene á mí

---

41   *El Vesubio:* Volcán localizado sobre la bahía de Nápoles al sur de Italia. Se conoce por la irrupción de A.C. 79 que arrasó con la ciudad de Pompeya. Aquí representa el intenso calor tropical.

42   El ideal doméstico proyectado hacia el hogar criollo puede haber sido una compensación psíquica a la desterritorialización que sufrió la Condesa, primero, al salir de Cuba; segundo, al dejar España de recién casada.

43   *Anana*: Ananás. Fruto de la planta del ananás; «grande y en forma de piña, carnoso, amarillento, muy fragante, suculento, y terminado por un penacho de hojas.» *RAE.*

cargada de una fruta mas grande que ella, ó de un ramo de *cactus* casi tan hermoso como el encarnado de sus mejillas, y me dice arrodillándose y levantando hácia mí sus ojos llenos de candor: «tia, esto te manda mamá.»

Estoy esperando á mi hermano que no estaba aquí á mi llegada, y á mi tio Ofarril, uno de los patriarcas de la familia.[44] Los caminos, malos de suyo y expuestos á la intemperie de las estaciones, se hacen impracticables durante las lluvias. Los ríos salen de madre;[45] y como no se puede pasar sino vadeándolos por falta de puentes, los caminantes estan expuestos á mil peligros. Así es que apenas llega la estacion de las tormentas, todo el mundo se apresura á volverse á la ciudad, aun á riesgo de pasar un dia entero metido en un pantano ó en alguna torrentera. Esta falta de caminos practicables obliga tambien á los habaneros á encerrarse en la ciudad, al tiempo que el ardor de la canícula produce mas enfermedades, y les sería mas necesario el aire puro del campo.

12 DE JUNIO.

El calor es excesivo, y el viento sopla como si saliese de un horno. Todo trabajo se hace imposible, y por mi parte siento una angustia vaga, causada por la lucha que hay entre la actividad de mi cabeza y la debilidad de mis miembros. Las costumbres activas de Europa, los recursos que ofrece para todo la civilizacion del antiguo mundo, me faltan completamente aquí, y hay ocasiones en que siento como una especie de despecho en haber dejenerado de mis antepasados los indios, porque el *dolce far niente* no basta á mi dicha.[46] Uno de los caracteres particulares de la raza actual de los españoles habaneros, plantas europeas trasplantadas á esta isla, es el contraste que existe entre la languidez de estos cuerpos pequeños y delicados incapaces de sufrir la menor fatiga, y el ardor de su sangre que se revela en los gestos, en los gustos, en la manera de hablar y de discurrir, siempre viva, apasionada é impetuosa. A pesar de eso, el amor del dinero y los hábitos de obediencia de los esclavos mantienen una agitacion perpetua, y un movimiento que aturde en el puerto, á las horas mismas en que la ciudad sumida en el reposo mas absoluto saborea los deleites de su inevitable soñolencia. En cuanto á los negocios y á las transacciones comerciales, pocas veces se hacen bien, y siempre duran mucho. Para ahorrarse de dar un paso, de decir una palabra, de· poner una firma, hay siempre una disculpa, hay siempre un pretexto, hay siempre un mañana. El sol, un sol implacable se está interponiendo perpétuamente entre vos y vuestros agentes, entre vuestros agentes y vuestros negocios.

Influida por este cielo ardiente, la vida se multiplica aquí bajo todos sus aspectos, bajo todas sus formas; y si bien es verdad que el espectáculo de una naturaleza rica y variada encanta el alma y los ojos, fuerza es confesar tambien que tiene sus inconvenientes en esta opulencia. Yo á lo menos lo estoy repi-

---

44   *O'Farrill.* Gonzalo O'Farrill, tío y protector de Teresa Montalvo.

45   «Los ríos salen de madre:» Los ríos rebasan los cauces.

46   La mención de una procedencia indígena es un guiño irónico. Nótese a continuación el juicio ahora más templado sobre el carácter de los criollos.

tiendo siempre, especialmente cuando los implacables mosquitos ponen á prueba mi paciencia. Mis brazos y mis manos estan en un estado deplorable; si me los cubro para escribirte me sofoco, me abraso, me muero; si los dejo á merced de estos infernales enemigos, parece que me los quieren devorar. No puedo librarme de ellos sino dándome baños de aguardiente de caña, que es aquí una panacea universal aplicable á todos los males, y haciéndome abanicar despues sin enjugarme por una negra mientras estoy escribiendo.[47]

Cuentan en el pais una historia muy instructiva á propósito de los mosquitos. Los primeros europeos que vinieron á la isla encontraron un número infinito, no solamente de estos insectos, sino de otros mas ó menos voraces que anublaban el aire, y devoraban á los pasageros. Un sabio economista de la época tuvo el pensamiento de traer, segun dicen, en una caja unos pocos de mosquitos de otros paises, y de probar sus fuerzas contra los insectos indígenas. El ensayo salió bien; los insectos extranjeros pudieron mas, y devoraron sin piedad á los insectos naturales, tanto que al cabo de algun tiempo no quedaba un solo mosquito indígena en la isla. Pero en cambio los insectos naturalizados se hiciéron mas numerosos y temibles, y sus picaduras fueron tan punzantes, que desde entonces se está echando menos la antigua raza. La raza europea, esta raza ingrata de mosquitos, es la que ahora me está haciendo á mí víctima.[48] Pero aunque expuesta á las mordeduras de esta especie de compatriotas, no me faltan las compensaciones. La noche es aquí tan bella y tan deliciosa! qué trasparencia! qué grandeza en este cielo resplandeciente de estrellas y de meteoros! cómo se balancean en el aire las nubes gigantescas adornadas de ópalos y de rubíes! cómo penetra en los poros abiertos por el calor el soplo tibio de la brisa de tierra embalsamada con todos los perfumes de la vegetacion! ni ¿cómo pintarte todo el poder de esta vida animada y sensual, particularmente en aquellas horas en que al ardor sofocante del dia sucede el aire dulce y voluptuoso de la tarde? Cuando frente por frente del puerto, casi enteramente acostada en el fondo de mi butaca, me pongo á contemplar desde el balcon de mi tio el buque que con sus velas desplegadas se destaca á lo lejos sobre el firmamento estrellado en medio de una atmósfera clara y resplandeciente, cuando veo á la luna aparecer á mi derecha, y bañar con sus rayos el castillo del Morro que se eleva á mi izquierda, dibujándose en el espacio como un blanco fantasma, con su vacilante farol cuya luz dá vuelta en medio del aire, ocultándose y volviendo á aparecer sucesivamente como un resplandor fantástico, entonces me creo trasplantada á un mundo encantado, y gozo con todas mis potencias de esta felicidad fugitiva.

Mi tio ha tomado la galantería de destinar á mi servicio una *volanta* muy elegante y hecha expresamente para mí. Aquí cada individuo de la familia, hasta los niños, tiene su volanta, y á la caida del dia, á la hora de paseo, toda nuestra calle se llena de carruages, como sucede en París á la salida del teatro.[49]

---

47   Nótese cómo Europa se asocia con la cultura, y Cuba, con el mundo natural. A pesar de este binarismo, la autora rescata los valores autóctonos florecientes en la isla.

48   Anécdota que indica el rencor y animadversión creciente entre criollos y peninsulares. La Condesa la repite aquí para recalcar su pertenencia al país natal.

49   *Volanta*: Volante. Coche de caballos usado en Cuba, semejante al quitrín, con varas muy largas y ruedas de gran diámetro, y cuya cubierta no puede plegarse. *RAE*.

La hora de salir es á las seis. Los quitrines van con el fuelle plegado; las señoras vestidas de blanco, con la cabeza descubierta, y con flores naturales en los cabellos; los hombres de frac, corbatin, chaleco y pantalon blanco; tal es el vestido comun y general en todas las clases de la sociedad. Ayer tarde salí con mi tia María Antonia, y antes de ir al paseo de Tacon íbamos á ver á mi prima Pepilla, cuando al atravesar la plaza de Belen fuimos detenidas por una especie de motin que se habia formado junto á la iglesia. La muchedumbre se agolpaba á la entrada, pero no osaba penetrar; una de las puertas estaba cerrada, la otra estaba entreabierta, y por ella se veia asomar la cabeza de un hombre que gritaba con tono solemne: *«rogad por el criminal, hermanos míos.»* Pregunto lo que esto significaba, y me respondieron que un asesino escapado de manos de la justicia se acababa de refugiar en aquella iglesia que goza de derecho de asilo. «De buena ha escapado,» añadió el desconocido que nos daba esta explicacion: «La distancia era bastante, y todo el mundo corria tras de él. Es verdad que si él no hubiera llegado á la iglesia de Belen...»

—Qué quereis decir, pregunté yo, ¿no tienen todas las iglesias el mismo privilegio?

—No señora, la de Belen y otra son las únicas que lo tienen; y para eso esta otra nadie sabe cual es mas que los clérigos. Si por casualidad se encuentra al paso del fugitivo y este entra en ella, esta circunstancia se considera como una prueba de la proteccion divina, y el malhechor encuentra su perdon.

Seguimos nuestro camino, y entre tanto que llegábamos al paseo, me fué diciendo mi tia:

—Estos espectáculos no son raros aquí. Los asesinatos, aunque mas raros desde que estuvo aquí el general Tacon, se reproducen todavía bastante amenudo, y á la luz del dia.[50] La venganza, ya obre por su cuenta ú obedezca á algun poderoso, este ardor de la sangre que en este pais lleva al asesino á matar no mas que por matar, producen aquí mas muertes que el robo en otros paises. Nuestros ladrones de camino empiezan rara vez á serlo por eleccion; regularmente son empujados á esa clase de vida por otros crímenes particulares. Así nuestros *guagiros* son generalmente hombres enamorados, celosos ó pendencieros, que han tenido una pendencia á la salida de un baile, ó de una pelea de gallos. El que mata á otro huye, al interior de la isla, se le persigue, y se pone á precio su cabeza. Abandonado como enemigo de la especie humana, obligado á temer y á defenderse, se hace ladron para proveer á su existencia, y asesino para conservarla. Pero en medio de esta degradacion suelen conservar los mas de ellos cierto carácter aventurero y caballeresco que no está desprovisto de cierta generosidad.

Una noche mi hijo Ignacio, todavía muy jóven, se habia detenido en el campo, y volvia bastante tarde á caballo de una quinta de aquí de los alrededores; venia cantando, y eran ya cerca de las doce de la noche, cuando dis-

---

50   *Tacón:* Capitán General de la isla de Cuba entre 1834 y 1838, temido por los criollos por la represalia de la intelectualidad. Las anécdotas que narra María Antonia ilustran las deficiencias del sistema de justicia bajo la administración colonial, tema tratado en la Lettre XXIII de *La Havane*. La crítica al foro o sistema jurídico es necesariamente más sosegado en el *Viaje* ... que en el original en francés.

tinguió un hombre sentado al pié de uno de los naranjos que servian de guarda-raya ó lindero de una heredad. El hombre tenia la brida de su caballo liada á la muñeca; la escopeta estaba apoyada en un árbol; llevaba en la faja un machete, y se entretenia en cargar un trabuco. Mi hijo se creyó perdido; pero continuó andando y tarareando, á pesar de la inquietud natural que le inspiraba aquel encuentro.[51]

—Buenas noches, Sr. D. Ignacio, le dijo el desconocido. Buenas noches, caballero, respondió mi hijo.

—Muy tarde es para pasearse así, señorito, añadió el otro. Si quiere V. creerme, vuélvase á casa, que el sereno no es bueno para la voz. Y continuó cargando su trabuco.

A la mañana siguiente supimos que el alcalde pedáneo andaba en persecucion de José María, y que este famoso ladron era el que en la noche anterior habia encontrado mi hijo.

—Y ¿lo prendieron? pregunté yo á mi tia.

—Sí, pero bastante tiempo despues. Son tan temibles estos hombres, continuó diciendo, y tan indomables en la temeridad, que, á pesar del dinero que se ofrece por ellos, nadie se atreve á prenderlos. Recorren las *estancias;* entran en las ventas, y comen, y beben, y hacen su gusto, sin que nadie se atreva á exponerse á su venganza. Voy á contarte una anécdota, que te dará una idea del carácter singular de estos hombres.

Un dia iba yo á nuestra hacienda de Cauasi con todos mis hijos, que eran ocho, el mayor de diez años. Los caminos estaban tan malos, que las mulas se metian en el fango hasta el pretal, y solo á fuerza de gran trabajo pudimos llegar á las once de la noche al injenio de Penaita, á una legua de Juanao, donde nos estaban esperando para comer. Pero el rio que separa estas dos propiedades habia crecido tanto durante aquella mañana, que era imposible pasarlo; y habiendo estallado una insurreccion de negros en Penaita, tuvimos tambien que dejar corriendo este punto. ¿Qué hacer pues? Decidimos vadear el rio á todo trance. Estaba yo sentada á la orilla haciendo por consolar á mis hijos que lloraban de hambre y de miedo, porque la noche era muy oscura, y el ruido del agua y el viento les causaba espanto, cuando hé aquí que se nos aparece un hombre vestido de guagiro, armado de pies á cabeza, y con el caballo de la brida.

—«Señora doña María Antonia, me dijo, en qué puedo y servir á V? Mi caballo es bueno, y él y yo estamos para lo que V. mande. Si V. quiere, pasaré á los señoritos uno despues de otro. No haya miedo; la jaca anda bien.» Y acariciaba al mismo tiempo á su caballo.

—«Gracias, le respondí yo; no quiero que los niños se separen de mí; pero si quereis encargaros de esta caja qué encierra objetos de algun valor....»

—«Bueno, venga el cofrecito ;» y tomando el cofre, lo puso delante de la silla; se arrojó al agua, y desapareció. Al cabo de una hora resolví ponerme

---

51   Se refiere al hijo de María Antonia y su esposo, Don José Montalvo, que sirve a la vez de interlocutora y de narradora.

en camino con mis hijos; pasamos por fin el rio, y llegamos á la una á la posada de Juanao. La primera persona que se me presentó, fué el guagiro con el cofre.

Aquel hombre rehusó toda gratificación, y parecia recibir un favor cuando yo le daba las gracias. La caja contenia brillantes y otros objetos de gran valor.

—«Señora doña María Antonia, me dijo el posadero cuando el guagiro se fue, conoce V. á ese hombre?

—Es la primera vez que le veo.

—Pues es Pedro Pablo, el famoso jefe de ladrones que infestan este pais hace seis meses.

—En verdad, tia, dije yo, no sé qué admirar mas, si la lealtad del bandido ó vuestra confianza en él.

—Pues no, yo no me arrepiento de ello, y estoy segura de que hubiera hecho lo mismo si le hubiese conocido. Aquí un ladron que habla como amigo, no hace traicion jamás. Lo que hace es llevar siempre el valor hasta una temeridad inconcebible. Resiste á la justicia, á los soldados, á todo el mundo, y aun ha sucedido el caso de que uno de nuestros jóvenes aventureros, picado de oir celebrar el valor de un bandido, hizo la calaverada de desafiarle en regla. El cartel fué fijado en un bosque, y el duelo se verificó con todas las reglas de la caballería.

Los enemigos mas temibles de los ladrones son los perros. La raza canina de Cuba es única por su fuerza, por su inteligencia, y por su increíble aversion á los negros cimarrones. Cuando se deserta un esclavo, conduce el mayoral un perro al bujío ó cabaña del fugitivo, y aplica á las narices del mastin cualquiera de las prendas del negro. A veces suele trabarse un combate entre el negro y el perro; pero este último lleva siempre la ventaja, y aunque sea herido, no suelta su presa. Con un tino y una ligereza admirables, salta sobre su contrario, procurando agarrarle las orejas, y una vez conseguido su objeto, clava los dientes con tanta fuerza, que el dolor hace sucumbir al negro y entregarse á merced de su contrario, el cual se contenta entonces con hacerlo levantar y conducirlo á donde estan sus compañeros. Pero si el negro no se defiende, como sucede casi siempre por el espanto que le causa la presencia de su contrario, no le hace éste mal ninguno, contentándose con hacerle marchar delante para derribarle á la menor tentativa de fuga. Si alguna vez el negro hace armas contra su dueño, el perro entonces se coloca detrás de éste, acechando con la boca abierta, y la señal del ataque, sin tomar nunca la iniciativa; siento tal el instinto y obediencia de estos animales, que aun cuando vean herido á su amo, ni ladran ni le defienden sino cuando este les hace la señal.

Antes de ayer, tres malhechores que habian devastado las cercanías de Marianao, á corta distancia de la Habana, despues de haber burlado a todas las persecuciones de la justicia, han sido conducidos á la ciudad por dos perros.

Cuando llegaron junto á la ciudad, uno de los perros, con la boca ensangrentada y el ojo fijo en su presa, se quedó custodiando sus prisioneros junto á una zarza, mientras que su compañero, corriendo hácia la ciudad, aullaba, mordia las ropas de los que encontraba, é indicaba por señales ingeniosas el sitio donde se hallaban los presos. Al fin consiguió hacerse entender, y condujo al alcalde al lugar donde el otro perro, fiel á su deber, custodiaba á los malhechores, que estaban medio muertos, tendidos sobre la yerba. Uno de aquellos desgraciados tenia la mejilla destrozada, y todos tres habian sido gravemente heridos en el combate.

—Tia mia, esos perros deberán ser muy forzudos?

—No lo parecen sin embargo; se asemejan mucho á los lebreles; pero su piel es mas dura y el color mas claro. Las gentes del campo no se ponen nunca en camino sin ir acompañados de su jauría, con cuya escolta atraviesan sin temor los bosques salvages, donde la justicia de los hombres no ha penetrado nunca, y muchas veces suelen deber la vida á sus compañeros de viaje.»

A este punto de la narración llegaba mi tia cuando entramos en el paseo de Tacon. El sol se ocultaba envuelto en hermosos cendales de oro; la palmera, la magoa, la jagua, y los graciosos matorrales de rosa altea, agitados por la brisa de la tarde, se balanceaban dulcemente;[52] las aves, que habian estado silenciosas durante el calor del dia, cantaban alegremente rebuscando su nido, meciéndose sobre la débil y perfumada rama que debia servirles de asilo, y protegerles contra el rocío de la noche. Algunas jóvenes sentadas á sus ventanas, contentas y risueñas, dirigian al través de las rejas miradas que brillaban como estrellas, y nos saludaban agitando sus blancas manos. Otras, recostadas voluptuosamente en sus quitrines, gozaban desdeñosamente de la dulzura del aire y de la hermosura de la naturaleza. Nadie se paseaba á pie; los hombres, encajonados gravemente en el fondo de sus volantas, fumaban tranquilamente saboreando su dicha; la comercianta, la mujer de la clase media, lo mismo que la gran señora, gustaban tambien en sus quitrines las delicias y la molicie de los ricos. Los primeros ahorros se emplean aquí siempre en la compra de un quitrin ó de un piano, y la que no ha podido llegar á éste grado de lujo, atraviesa la calle furtivamente para visitar alguna vecina, siempre vestida de blanco, y con los pechos, los brazos y la cabeza descubiertos. Cuando se las vé deslizarse de este modo, parecen palomas que huyen espantadas por el ruido del hacha del leñador. Pero las negras, oh! de ellas solamente es la calle; se las vé en gran número colocadas en los portales, con el cigarro en la boca, casi desnudas, con las espaldas redondas y lucientes como escudos de cobre, dejándose requebrar por los que pasan. Se ven en fin porcion de negrillos por todas partes jugando á los *mates* y á los *guacalotes* [53], en cueros como sus madres los echaron al mundo.[54]

Al volver de paseo, nos dirigimos á la plaza de Armas, donde el gobernador dá todas las noches enfrente de su palacio un concierto de música mi-

---

52 *Jagua: Yagua.* Voz caribe. «Tejido fibroso que rodea la parte superior y más tierna del tronco de la palma real.» *RAE.* Se utiliza para el techo del bohío.

53 *Mates:* Juego de naipes. *RAE.*

54 *Guacalotes:* Voz cubana. «Planta trepadora (…) de gruesos tallos y espinas, y por fruto una vaina que contiene dos semillas duras, amarillas, del tamaño de una aceituna» *RAE.*

litar.[55] Allí se reune la poblacion blanca de todas clases. Hermosos árboles, una fuente de saltadores, y los palacios del gobernador y del intendente, circundan este grande espacio, formando de él un paseo encantador y enteramente aristocrático.[56]

Las reuniones públicas tienen aquí un aspecto de buen gusto exclusivo del pais; nada de chaqueta ni de gorra; nadie viste mal; los hombres van de frac, con corbata, chaleco y pantalones blancos; las mujeres con trages de linon ó de muselina. Estos vestidos blancos que respiran coquetería y elegancia, armonizan perfectamente con las bellezas del clima, y dan á estas reuniones el carácter de una fiesta.

Antes de volver á casa, fuí á hacer una visita á mi tia, la condesa viuda de Montalvo. No conocia su casa, y me dejé conducir por mi *calesero*.[57] Era de noche, y á medida que nos acercábamos, y á pesar de la oscuridad, mil recuerdos confusos renacian en mi memoria, sin que me fuese posible detenerme en ninguno.

Paró el calesero, y yo me bajé; pero apenas entré en el zaguan, el corazon me empezó á latir; me pareció reconocer aquella casa, y en efecto no me quedó la menor duda. Yo la habia habitado, yo habia atravesado mil veces aquellas puertas, habia jugado en aquellos escalones de mármol, había subido y bajado mas de cien veces aquella escalera. Un dia me caí de ella, y me herí. Mamá Agueda acudió, y me vendó la herida. No, no me engañaba; era la casa de mi padre. Todo estaba en el mismo sitio: allí era donde estaba mi cama cuando niña; mas allá me parece estar viendo á mi negrilla Catalina acariciándome para dormirme, cantando ó contándome por la centésima vez de qué modo la habia engañado su madre para venderla á unos mercaderes blancos, cuanta habia sido su alegría al reconocer á su hermano en el buque, las lágrimas que derramó cuando la vendieron sin su hermano; y entonces volvia á llorar, y yo en lugar de dormirme me sentaba en la cama y lloraba tambien. En aquella otra sala, detrás de aquel biombo chinesco, fué donde mi abuela le pegó un dia con un látigo á la mas pequeña de sus hijas, todavía niña, y allí fué donde como una leona furiosa me arrojé yo sobre las negras que sujetaban la víctima, y las dí de bocados hasta hacerles saltar sangre.[58] Aquí, delante de esta mesa, era donde mi padre me ponia en sus rodillas, y me enseñaba su árbol genealógico.[59] ¡Ah! ¿dónde está mi padre? Yo no hallo mas que un monton de piedras sin vida, y un recuerdo eterno.

---

55   *Plaza de Armas*: Corazón de La Habana Vieja, la amplia plaza pública se ensanchó durante el siglo XVIII, al construirse el Palacio del Segundo Cabo y el Palacio de los Capitanes Generales. Rodeada de palmeras y de fuentes, se le llamó Plaza de Armas debido a que tropas estacionadas en el Castillo de la Fuerza la utilizaba para ejercicios.

56   Imagen del grabado de Frédéric Mialhe, «Vista del Templete y parte de la Plaza de Armas» *La Isla de Cuba Pintoresca* (La Habana: Imprenta Litográfica de la Real Sociedad Patriótica, 1838). Cuban Memorial Collection, Otto G. Richter Library, U. of Miami.

57   El *calesero* era el chófer o conductor de los quitrines y volantas; de raza negra, vestido de sombrero alto y de traje europeo, aparece como personaje típico de la naciente población cubana y por tanto en estampas y cuadros de costumbres.

58   Episodio narrado en el relato «L'évasion,» incluido en *Les loisirs d'une femme du monde*, II, pp. 294-307; reproducido en la Comtesse Merlin, *Les esclaves dans les colonies espagnoles* (París: Editions l'Harmattan, 2006), pp. 33-39.

59   Episodio narrado en *Mes douze premières années*.

Carta IV

Una ilusion. – Melomania de los negros. – Aptitud de los habaneros para las artes. – Los dos teatros.

Miércoles en la noche.

He pasado toda la noche sola enfrente del mar, con el rostro al viento y la imaginacion en el espacio. Estaba entregada á ese éxtasis doloroso del alma, á esa tristeza desanimadora, hija del conocimiento íntimo de nuestra debilidad, que nos conduce hácia Dios, y nos obliga á consagrarle nuestros dolores, nuestras miserias y nuestros pensamientos. Preciosos instantes en que el alma se eleva tanto como el corazon se humilla, en que iluminada por un rayo de amor divino, ofrece á nuestros ojos el espectáculo de toda nuestra pequeñez y de toda nuestra impotencia. En estas reflexiones estaba yo sumergida, cuando una persona vino á cumplimentarme por mis talentos; una agonía melancólica traspasó entonces mi alma; tomé á Dios por testigo de mi falta de complicidad, y poseida de yo no sé que amarga ironía contra mí misma, sentí que mis párpados se humedecian de llanto. Extraña manera por cierto de responder á un cumplimiento!

Por la noche, como ha sucedido siempre desde mi llegada, he cantado algunas piezas ante una gran sociedad; y en verdad que no deja de ser meritoria mi condescendencia; porque el calor me incomoda mucho desde hace algunos dias; pero ¿cómo rehusar tan pequeño sacrificio, si á costa de él puedo causar á los demas un placer puro y verdadero? Aquí todas las organizaciones son musicales y poéticas. No lo dudarías si vieses á una turba de jóvenes citarse bajo las ventanas de mi tia, á orilla del mar, dejar sus carruajes, y sentarse en sillas que han hecho traer expresamente, para escuchar unos sonidos inciertos que el aire lleva hasta ellos. ¡Si oyeses los versos, las improvisaciones y las coplas que se suceden con tanta facilidad como profusion! Por la mañana, si por casualidad hago algunos acordes en el piano, inmediatamente se ponen en movimiento todas las negras de la casa, y se colocan en los balcones, se asoman á las puertas, se ponen detrás y delante de mí, en todos lados y en todas partes. Dirás que es el auditorio mas estúpido del mundo; pero sin embargo no deja de hacerme un honor, y sus gestos y sus puras demostraciones no se parecen á ningunas otras.[60] Los negros aman la música con pasion, y tienen canciones que cantan con una interesante sencillez; algunas veces me anuncian que un antiguo criado de la familia, esclavo de uno de mis parientes, desea hablarme, y su deseo no es otro que pedirme el permiso de venir á oirme por la noche á la puerta de la calle.

Dos dias hace que me despierta por la mañana el sonido de una voz fresca y juvenil, que canta un motivo del Pirata.[61] Es una linda mulata, esclava de mi prima Encarnación. Afinada, pura, y de grande extensión, sería esta voz un tesoro para el teatro italiano, y la piel color de cobre de la mulata una gran novedad al lado de las mejillas rosadas de las Persianas y de las Grisis.[62]

Suelo tambien cantar y tocar el piano con una jóven llena de alma y de talento, cuyo gusto esquisito y excelente método le han sido comunicados por su padre, uno de los hombres mas distinguidos de la Habana, por su instrucción y por su nacimiento. Podria citarte un ejemplo de la aptitud natural de los habaneros para las artes. D. José Peñalver es un profesor distinguido; toca el piano y acompaña como Tadolim ó Alari; compone perfectamente, improvisa, y le ha enseñado el arte del canto á su hija tan bien como hubiera podido hacerlo uno de los mejores maestros en París;[63] sin embargo, no ha tenido maestro; su talento es obra del estudio y de la inteligencia. El gusto de la música italiana es tan general como en una ciudad de Italia: casi todas las óperas modernas son conocidas aquí; y las compañías italianas, que se ajustan todos los años, estan muy bien pagadas. Muchos jóvenes fashionables[64] estimulaban las empresas favorables al desenvolvimiento del arte, y en este número se distingue D. Nicolás Peñalver, que por su brillante fortuna y por su noble entusiasmo merece ocupar el primer lugar entre ellos.

---

60   Al señalar la reacción de las esclavas domésticas al escuchar la música de piano, Merlin anticipa novelas contemporáneas como *Gestos* (1963) de Severo Sarduy, que destaca la misma idiosincracia, aunque en un contexto histórico futuro, la crisis nacional a finales de 1958. Se demuestra lo visionario del pensamiento de la autora.

61   *Motivo del Pirata: Il pirata,* tercera ópera de Vincenzo Bellini (1801-1835), se estrenó en Viena en 1828. Friedrich Lippman, *The New Grove Dictionary of Opera*, vol. I, editado por Stanley Sadie (Londres y Nueva York: MacMillan, 1992), p. 389.

62   *Las Persianis y las Grisis:* Se refiere a dos sopranos italianas: Fanny Tacchinardi-Persiani (1812-1867), quien cantó *Il pirata* en el Carnaval de 1832-1833 en Venecia, y a Giulia Grisi (1811-1869), cuya dramática voz inspiró la parte de Adalgisa en la ópera *Norma* de Bellini. Puede que haya un guiño autorial aquí, pues la condesa se lució en esta ópera en 1844, el mismo año en que se publicaron *Viaje...* y *La Havane*. Elizabeth Forbes, *The New Grove Dictionary of Opera*, vol. II (Londres y Nueva York: MacMillan, 1992), p. 549; Francesco Bussi, ibidem, vol. IV, p. 630. Véase Roberto Ignacio Díaz, «Merlin, la ópera, y Reinaldo Arenas,» *Fronteras de la literatura y de la crítica (*Poitiers: Centre de Recherches Latino-Américaines, 2006).

63   *D. José Peñalver:* Distinguido criollo en cuya casa se celebró el concierto del 8 julio 1840 en el cual cantó la condesa. Domingo del Monte lo comenta en una carta escrita a José Luis Alfonso el 10 julio 1840, y «Un Concurrente», pseudónimo del ilustre José de de la Luz y Caballero, escribió una reseña del mismo en el *Diario de la Habana*, el 12 julio 1840. Para un análisis mas detallado de este concierto, véase mi *Gender and Nationalism in Colonial Cuba,* pp. 85-87.

64   Anglicismo. De buen tono, a la moda del día.

La Habana posee otros dos teatros, el de la Alameda, situado en medio de la ciudad á orillas del mar, y otro extramuros, que lleva el nombre de Tacon, por haber sido edificado durante el gobierno de este general. El primero, mas antiguo y mas pequeño, es sin embargo mas favorable á la música; el segundo, casi tan grande como el de la grande ópera de París, es el que tienen ahora las compañías italianas, si bien durante la ausencia de éstas representan en él las compañías de declamacion. Este teatro es rico y elegante á la vez; está pintado de blanco y oro; el telon y las decoraciones ofrecen un brillante punto de vista, a pésar de no estar muy bien observadas las reglas de la perspectiva. El patio está poblado de magníficos sillones, lo mismo que los palcos, en cuya delantera hay una ligera reja dorada que deja penetrar la vista de los curiosos hasta los pequeños pies de las espectadoras. El palco del gobernador es mas grande, y está mejor adornado que el del rey en otras partes. Solo los primeros teatros de las grandes capitales de Europa pueden igualar al de la Habana en la belleza de las decoraciones, en el lujo del alumbrado, y en la elegancia de los espectadores, que llevan todos guante amarillo y pantalon blanco. En Londres ó en París se tomaría este teatro por un inmenso salon de gran tono.[65]

---

65   Al colocar a la Habana a la par de las capitales europeas, Merlin rebasa la dependencia colonial y establece a la capital como núcleo fundador de una nacionalidad aparte de la peninsular. El juicio favorable de la autora encuentra su contrapartida visual en la hermosa litografía de Frédéric Miahle dedicada al Teatro Tacón, en *La Isla de Cuba Pintoresca* (La Habana: Imprenta Litográfica de la Sociedad Patriótica, 1838). Cuban Heritage Collection, Otto G. Richter Library, University of Miami, Florida.

Carta V

De la sociedad habanera. – Comerciantes y propietarios. – La usura. – Los monumentos de historia. – El Templete. – La ciudad vieja y la nueva. – La Rada. – Siesta de una guarnicion. – Carácter habanero.

El domingo á las once de la noche.

No hay pueblo en la Habana: no hay mas que amos y esclavos. Los primeros se dividen en dos clases: la nobleza propietaria y la clase media comerciante. Esta se compone en su mayor parte de catalanes que, llegados sin patrimonio á la isla, acaban por hacer grandes fortunas; comienzan á prosperar por su industria y economía, y acaban por apoderarse de los mas hermosos patrimonios hereditarios, por el alto interés á que prestan su dinero.[66]

Por muy considerables que sean las propiedades, los gastos inmensos que ocasiona la elaboracion del azúcar, gastos que suben en un ingenio de trescientos negros á 600 ú 800,000 rs. al año,[67] hacen necesario un anticipo de fondos, que obliga al propietario á hacer empréstitos reembolsables á la recoleccion de cada cosecha. El comerciante, que es el único que puede capitalizar sus beneficios, hace préstamos considerables á un interés arbitrario, que asciende frecuentemente á dos y medio por ciento al mes. Como su renta establecida sobre tales bases es mas segura que la del prestamista, cuyas cosechas estan por otra parte expuestas á la variacion de los precios, y dependen de la inconstancia de la temperatura y de mil accidentes imprevistos, sucede algunas veces que este último se halla en la imposibilidad de hacer sus pagos en las épocas del reembolso. El exorbitante interés dobla la deuda; el pago se hace primero dificil y despues imposible, y el comerciante se encuentra en poco tiempo dueño de una cantidad igual al valor de la propiedad entera. Estos graves abusos no existirían si se fijase un interés legal. El diez ó doce por ciento de interés al año no es en verdad obligatorio; pero el gobierno cierra los ojos á este despojo por interés, segun dicen, de los propietarios. Estos últimos se encuentran muchas veces en la imposibilidad de subvenir á sus gastos; son pues dichosos, tal es la razon que se dá, en encontrar este recurso, y en

---

66   La Condesa dibuja con fidelidad y asombrosa verosimilitud la estructura de la sociedad habanera. En lo que sigue, la autora explica el sistema de préstamos vigente en la colonia, causa de la ruina de muchos propietarios azucareros. La mayoría de los prestamistas eran peninsulares. Al retratar al dedillo una realidad económica, se palpa la preocupación de la autora por el progreso social y económico de Cuba.

67   Rs.: reales, «Moneda de plata, del valor de 34 maravedís, equivalente a 25 céntimos de peseta.» *RAE.*

procurarse dinero á toda costa. No sé yo si semejante tolerancia hallará gracia ante los economistas, y si la aceptarán como una de las libertades sociales; mas yo no puedo creer que un bien pueda nacer de una inmoralidad, y las consecuencias de estos préstamos prueban hasta la evidencia su peligro. Alentado por el abuso el usurero, suelta el freno á su codicia, y quebranta ó destruye las fortunas; el prestamista usa á su vez del privilegio de no expropiacion, y suele acabar por no satisfacer su deuda. El interés legal y el castigo de la usura por una parte, y por otra una ley de expropiacion severa pero protectora, y formada en el interés de la conservacion de la fortuna, pondrían de acuerdo los derechos de la moral con la equidad, y contribuirian en mucho á la prosperidad pública.

Como sé, mi querido conde, lo que os agrada tender una mirada filosófica sobre los anales y el destino de los pueblos, estoy segura de interesaros dándoos al azar algunos detalles sobre este pais apenas conocido en Europa, y que merece por mas de un título la atencion de los hombres de estado y de los observadores.[68] Tenemos aqui mas riquezas naturales que riquezas adquiridas á costa del trabajo y de la perseverancia. Faltan estímulos á nuestros conciudadanos y monumentos á nuestra historia.

Ya sabeis, mi querido conde, que los monumentos son una parte de los anales de los pueblos, símbolos de gloria y de poder y muchas veces de crueldad y dolor. Cuba no tiene historia, no tiene escudo de armas; no tiene mas que un árbol gigantesco y las cenizas de Colon; tal pensaba yo ayer al contemplar un templete cubierto de olas de polvo que hay en un rincon de la plaza de Armas.[69] En 1815, despues que la ciudad de San Cristobal de Cuba, hoy la Habana, fué devastada é incendiada por los filibustieros,[70] se trasportó la capital hacia el Sur, cerca de la aldea de Batabano; este es el sitio que ocupa actualmente, y que se llamaba entonces Puerto de Carenas.[71] Aquí está hoy la fortaleza de la Fuerza. La salubridad del terreno y la posicion favorable para resguardar las embarcaciones de los vientos justificaban esta nueva eleccion. En seguida y á medida que la ciudad se fué extendiendo hacia el Norueste, se levantaron las fortificaciones del Morro y los bastiones en la costa de Sudueste. Hoy sería bueno que se derribasen las murallas, y se diese derecho de ciudadanía á los deliciosos arrabales que se agrupan á su derredor. Estos arrabales, que son *Jesus del Monte, Jesus María* y *la Salud,* deberían formar parte de la ciudad. No solo ganaría ésta en importancia, sino que el depósito genaral [general] de mercancías, situado actualmente cerca del ar-

---

68   Calcada en la *Lettre* XVII de *La Havane,* dirigida a M. le Comte de Tracy, Mercedes Merlin aboga aquí por abrir la isla de Cuba a las ventajas que le pueda proveer el ser reconocido por ojos europeos.

69   Situado en la Plaza de Armas, el monumento del Templete, construído en imitación de un templo griego, se asocia con la fundación de la ciudad. Véase la litografía de Frédéric Mialhe, *Vista del Templete y parte de la Plaza de Armas,* en *La Isla de Cuba Pintoresca* (La Habana: Imprenta Litográfica de la Real Sociedad Patriótica, 1838, Cuban Heritage Collection, Otto E. Richter Library, University of Miami.

70   «filibustieros:» filibusteros.

71   *Punto de Carenas*: La antigua villa de la Habana se conocía también como Puerto Carena.

senal á una de las extremidades de la capital, vendría de esta manera á ocupar el centro mismo de ella.[72]

La bahía de la Habana es una de las mas hermosas del mundo; está formada por un inmenso estanque semicircular, que parece cavado en el seno de la tierra, y abraza la ciudad y las fortalezas con las olas serenas y azuladas. Mas de mil buques de guerra caben en esta bahía, cuya estrecha entrada no dá acceso á las corrientes tempestuosas, y no parece sino que la cólera del temible elemento se apacigua al tocar estas orillas encantadoras. Para dificultar todavía mas el paso, se han sumergido dos buques, indicando el sitio donde estan por medio de dos boyas flotantes. A un lado se eleva el castillo del Morro y al otro el fuerte de la Punta, guardianes avanzados é inexpugnables coronados de cañones. El paso es tan estrecho, que los centinelas pueden hablarse desde un fuerte al otro; y si bien es verdad que los ingleses los tomaron en el último siglo, fué únicamente por sorpresa; fué como el ladron que penetrase por una puerta de bronce entreabierta durante el sueño del portero.[73]

Despues de un bombardeo impotente de muchas semanas, los ingleses parecieron cansarse y renunciar á su empresa; pero no hicieron mas que cambiar de medios de ataque. No habiendo conseguido nada por la fuerza, se valieron de la astucia. Sabian que á cierta hora del dia la poblacion entera se entregaba al reposo de la siesta; que hasta la guarnicion, vigilante toda la noche, caia en un sueño profundo á la hora en que el sol lanzaba apenas sus rayos sobre la ciudad, y aguardaron. Llegado el momento, la escuadra inglesa se puso en movimiento, y entró majestuosamente en el puerto en medio de un hermoso dia sin tirar un cañonazo, y sin que nadie se dispertase. ¿Habeis visto cosa mas graciosa? Lo que es ahora la guarnicion no duerme ya la siesta.

Vamos ahora al *Templete* con que se inauguró la nueva ciudad de San Cristobal. Se celebró en 1815 una misa solemne á cielo abierto, no lejos de la orilla del mar, á la sombra de un arbol secular, de un *ceiba,* coloso de nuestros bosques; aquí fue donde luego se depositaron las cenizas de Cristobal Colón antes de enterrarlas en la catedral, donde hoy reposan. Este árbol santo vivió en toda su lozanía hasta 1755, lo cual hace subir su existencia á tres siglos, sin contar el tiempo que precedió á la primera misa; pero todo es posible en esta tierra maravillosa.[74]

En 1755 el ceiba comenzó á hacerse esteril, y creyendo que no podia servir mas, lo arrancaron. D. Francisco Cajigal, gobernador de la Habana, hizo levantar allí mismo un obelisco, en el cual se grabaron las armas de la ciudad, y que se conserva todavía, aunque en mal estado, rodeado de una verja de hierro, en el mismo sitio que ocupaba en otro tiempo el árbol histórico. Para

---

72   En este repaso a la historia de la fundación de La Habana, Mercedes Merlin muestra el amor que le inspira su ciudad natal y el orgullo que siente hacia la modernización de la ciudad. La memoria se une irremediable y amorosamente al perfil arquitectónico del puerto.

73   La toma de la Habana por los ingleses duró un año, 1762-1763.

74   La condesa recrea fielmente la historia de la construcción del Templete. Anticipa la teoría de «lo real maravilloso» ideado por Alejo Carpentier en el prólogo a *El reino de este mundo* (1948), recreación ficticia de la revolución de 1791 en Haití.

conservar la memoria del antiguo ceiba, se plantaron en 1827 tres árboles de la misma especie alrededor del obelisco, y como este estaba muy descuidado, el gobernador D. Francisco Dionisio Vives hizo construir en su lugar un templete, arrancando el último árbol que quedaba, y destronando de esta manera la dinastía de los ceibas.[75] Al templete le ha sucedido lo mismo que al obelisco, lo han descuidado; se le vé relegado en un rincon de la plaza de armas, golpeado y desconchado continuamente por las mulas y las volantas que se vienen á agrupar en torno suyo durante el paseo.

La vista de los recuerdos, la fé de las reliquias faltan enteramente aquí. La pereza y la poesía de lo presente lo absorven todo, y si los habaneros se ocupan del porvenir, se ocupan de él solamente como de una dicha inmediata. Esta inprevision se reproduce frecuentemente en la falta de órden y de conservacion de los caudales. El millonario rara vez guarda la mas mínima parte de sus rentas; cuando es buena la cosecha, gasta todo el producto al año siguiente. Si la azúcar no se vende está apurado, es verdad, pero su boato es el mismo. El lujo, el desórden, y sobre todo el juego, se tragan los patrimonios, y las eventualidades desgraciadas del comercio se agravan infinitamente con semejante imprudencia. Estas tristes verdades las conocen todos los hombres entendidos del pais. Acostumbrado á no vivir sino en el momento presente, dotado de un alma ardiente y de un entendimiento vivo, el habanero es capaz de comprenderlo todo, y de elevarse á veces hasta el heroismo. Bajo la influencia magnética de los tiernos afectos que le rodean, su corazon está siempre abierto á una generosa simpatía: una bella accion le conmueve, y le inflama; un proyecto útil á su pais le entusiasma, y con la generosidad de su carácter dará mil veces su fortuna y su vida por un amigo suyo, ó por su patria.[76] Pero arrancadle á esta influencia, hacedlo salir de este círculo mágico, la pereza y la negligencia enervan su voluntad. Así como la sangre concentrada por el ardor de la atmósfera huye la superficie de su piel, y refugiándose en el fondo de sus venas le dá esa palidez innata y característica de los habitantes de los Trópicos, así tambien su voluntad debilitada por el olvido y por su indiferencia, no se vuelve á despertar en él sino en fuerza de grandes pasiones, ó de grandes necesidades.

75　*Francisco Dionisio Vives:* (1775-1840), Capitán-General de la isla de Cuba entre 1823 y 1832. Nótese que Merlin masculiniza el árbol de la ceiba.

76　Con estas emotivas palabras, la Condesa se hace partícipe del proyecto nacional. Tal como demuestra el *Centón Epistolario* de Domingo del Monte (publicado en 1926), muchos patricios colaboraron en su empresa, ya que le entregaron a la Condesa notas e informes sobre el estado económico, político, y social de la más próspera colonia española en el Caribe, que ella aprovechó para la redacción de *La Havane.*

Carta VI

Los Guagiros.

Las gentes del gampo [campo], llamados aquí *guagiros* ó *monteros,* tienen un carácter escéntrico que los distingue de las de los demas paises. Aficionados al canto, dados á los placeres y á las aventuras, reparten su vida entre el amor y las proezas caballerescas, y hubieran podido figurar en la corte de Francisco I tan bien como en estas cabañas primitivas, si su pasion indomable por la independencia no les hubiese destinado antes á la vida salvage que al yugo de la civilizacion. Su vida material, sencilla y rústica está muy de acuerdo con su vida poética, y esta amalgama es justamente la que dá á su accion un carácter romancesco y original.[77]

Los oficios y los trabajos sujetos á salario son egercidos por los españoles, ó por los canarios que vienen á hacer fortuna á toda costa, y que criados en paises civilizados han aprendido desde temprano á plegarse al yugo de las necesidades humanas, y á hacer duras concesiones á la ambicion y á la codicia.

Pero los criollos, es decir, los naturales de la isla rara vez se someten á una ocupacion dependiente, excepto la de maestro de ingenio. Tienen una fiereza producida por el ardor del sol que los calienta, y por la riqueza del suelo que los sostiene; y el criollo que habita la ciudad se dedica á alguna industria que ejerce, como si fuera por aficion, bailando, cantando, y haciendo versos.[78]

En los campesinos se notaba la misma diferencia entre el español y el criollo; el primero se hace mayoral, mayordomo, o se dedica á otras ocupaciones asalariadas; pero el guagiro prefiere vivir con poco con tal de vivir con libertad. Este último conserva algunas de las inclinaciones de la antigua raza India; planta sus *penates*[79] en el sitio que mas le agrada, como el pájaro su nido en los

---

77   El cuadro de costumbres sobre los campesinos cubanos, denominados guajiros, se calca de *Excursión a Vuelta Abajo* (1838-1839; 1891) de Cirilo Villaverde, obra que narra el regreso del autor a la zona tabacalera de Pinar el Río, su provincia natal. El liberal «saqueo» de la obra de Villaverde se debe, en parte, al paralelo entre las dos obras: tanto la *Excursión* como el *Viaje* trazan el retorno sentimental al lugar de origen. *Romancesco:* Novelesco, de pura invención. *RAE.*

78   Nótese el juicio de la condesa acerca de los criollos, escrito para beneficio del lector europeo. Al «exotizar» así a su propia clase, la autora intenta familiarizarse con el nuevo contexto que la rodea, que es, paradójicamente, el de su origen.

79   *Penates:* «Dioses domésticos a quienes daba culto la gentilidad.»*RAE.* Se refiere al *domus* u hogar.

árboles, y su habitacion está todavía modelada por la cabaña primitiva de los indígenas.[80] Ocho árboles de igual altura clavados en la tierra, y formando un cuadrado perfecto, sustentan por su extremidad una especie de red de bambues que colocados transversalmente, crecen y son atados á los árboles con lianas ó enredaderas. El techo se cubre con hojas de palmera, y se llama *guaño.*[81]

Para este primer trabajo, que dura lo mas un día, llaman para que los ayuden á sus vecinos, y no bien acabado, asan un lechon en medio de la nueva casa, y se lo comen en medio de una alegría infinita. Despues forman por medio de tabiques tres habitaciones iguales; la de en medio es la sala, en las otras dos duerme la familia. Los tabiques, formados lo mismo que el techo de cañas atadas tansversalmente [transversalmente], se cubren de corteza de palmera, que destinada á este uso toma el nombre dé *yagua.*[82] La casa se concluye en dos ó tres dias. La claridad no penetra en ella sino por dos puertas paralelas la una a la otra para que entre el aire. Estas puertas son tambien de *yagua,* y no estan unidas al edificio sino por la parte superior, de manera que se abren perpendicularmente, y permanecen suspendidas por medio de una vara de hierro que las sostiene en el aire durante el dia. Por la noche la vara sirve para atrancar la puerta. Enfrente de la casa se levanta otra cabaña construida con los mismos materiales, pero mas pequeña y de dos solos departamentos; el uno sirve de perrerra y de caballeriza durante las lluvias, y el otro de cocina; ni el uno ni el otro estan cerrados por ninguna parte; una pared medianera los sostiene á los dos, y los preserva del viento; lo demás está al descubierto, y resguardado del sol por el *guano.*[83]

En el fondo de la cocina, y puestas junto á la pared, estan colocadas tres enormes piedras que sirven de hornillas encima una olla, y alrededor del fuego bananas, buniatos y papas en profusion.[84] Sillas, tazas, ollas de barro, perros, pájaros, avecillas, la batea para enjabonar, pollos, nidos de pájaros llenos de huevos que penden de los bambues, gente echada en la mesa ó en el suelo, todo cubierto de ceniza por el viento que entra, y guardado por un terrible mastin que gruñe y enseña sus dientes en cuanto vuela ó se cae una hoja. Para completar la riqueza de la posesion hay que añadir un jardin de una ó dos *caballerías* de tierra (medida del pais) que rodea la habitacion,[85] y en donde

80   El bohío es la vivienda tradicional del campesino cubano, construida por tablas y un techo de guano u hoja de palma. La descripción del bohío, seguido de la afición del guajiro por su querida, el caballo, y el machete, se calca de *Escursión á la Vuelta Abajo*, publicado anónimamente en *El Album,* vols. 6-8 (1838-1839), 11-46, 89-108, y publicado posteriormente bajo el nombre de Cirilo Villaverde en la Imprenta «El Pilar» de Manuel de Armas, 1891, La Habana. Esta parte del *Viaje...* copia pp. 84-89 de *Excursion....* (1891).

81   «Guaño:» *Guano:* Palabra taína. «Hojas secas o pencas de las palmas. [S]irven como cubierta de techos.» *RAE.*

82   *Yagua:* «Tejido fibroso que rodea la parte superior y más alta del tronco de la palma real» *RAE.*

83   Al copiar el texto de Villaverde, Merlin desea insertarse activamente en la amorosa recreación de costumbres cubanas.

84   *Boniatos:* «Voz caribe. Tubérculo comestible de la raíz de la planta del boniato.» *RAE.*

85   *Caballerías:* «Medida agraria usada en la isla de Cuba, equivalente a 1343 áreas» *RAE.*

se encuentran mezcladas legumbres de toda especie, y magníficos árboles cargados de fruta de un tamaño y de un peso tan prodigioso, que amenazarían á los que pasan por debajo si las obras de Dios no fuesen tan completas.

Allí crecen á la vez el *papayo* y el *plátano,* con cuyas anchas hojas podrían hacerse magníficas batas; el *alcanforero* y el árbol del pan, cuyo fruto bastaría para alimentar á un regimiento en tiempo de hambre, la olorosa *vainilla,* el árbol que destila la goma elástica, y millares de *cactus* en flor enlazados graciosamente en todas direcciones con plantas colgantes, que uniéndose desde los árboles á los techos de las cabañas, neutralizan el brillo del sol que las ilumina.[86]

Los establecimientos de los guajiros suelen no durar mucho: frecuentemente abandonan el lugar que habitan, y transportan sus *penates* á otra parte.[87] Construyen su habitacion en cuatro dias, y siembran en seguida las legumbres; las demás bellezas de la naturaleza las encuentran en todas partes donde el sol alumbra.

El guagiro por lo regular se apodera del primer pedazo de tierra que le agrada y que no pertenece á nadie; pero si prefiere alguno que tiene dueño, entonces hace una escritura con condiciones parecidas á las que estipulan entre sí en Europa con el dueño del terreno. Esto sucede raras veces, y es siempre á precios muy bajos, y en plazos muy cortos. Generalmente prefiere trabajar por su cuenta en el terreno que mejor le conviene.

Su cosecha es siempre mas abundante de lo que necesita para mantenerse. La tierra no necesita aquí de un cultivo esmerado, ni de abono. Para producir muchas cosechas al año bastan algunos dias de arado, y esparcir sobre ella unos cuantos puñados de grano.[88]

Las legumbres se dan á los quince dias; la *maloja* nace á las cuarenta y ocho horas, y de este modo se suceden las recolecciones hasta diez ó doce al año, sin que exijan otro cuidado que el trabajo de recolectarlas. Este último fruto produce un premio anual de 30 ó 40 p.00[89] Una *caballería* de tierra representa un capital de 3.000 duros de renta. Las bestias en Cuba se alimentan de maloja y de grano de maiz.[90] Como el cultivo en grande absorbe la atencion de los ricos propietarios, no siembran estos forrages en sus tierras, excepto algunas veces el maiz, de modo que sus cuadras son abastecidas por la maloja del guagiro.

---

86   *Papayo:* Árbol tropical, con tronco fibroso, coronado por grandes hojas en forma de palma. *RAE. Plátano:* «Planta herbácea de grandes dimensiones, (...) [a]lcanza una altura de 2 a 3 m y un fuste de unos 20 cm de diámetro, formado por las vainas de las hojas, enrolladas apretadas unas sobre otras y terminadas en un amplio limbo, de unos 2 m de longitud y unos 30 cm de anchura, redondeadas en su ápice. El conjunto de estas hojas forma el penacho o copa de la planta.» *RAE. Alcanforero:* Árbol de madera compacta, hojas enteras y flores pequeñas y blancas; el fruto es del tamaño del guisante. *RAE. Gomero:* «Árbol que produce goma.» *RAE.*

87   «penates.» Alusión a dioses domésticos; por tanto, se refiere al cambio de domicilio.

88   Desde la poesía colonial, el tema de la fertilidad de la tierra engendra el mito de la isla como paraíso.

89   *P. Pesos:* Antigua moneda de plata española, de diferentes valores. RAE.

90   *Maloja:* Voz cubana. «Planta de maíz que sólo sirve para pasto de las caballerías.» *RAE.*

En el interior de la casa el marido engorda dos cerdos por año, y cuida de las legumbres; la mujer mas laboriosa educa á los hijos, y atiende á las demas necesidades con el producto de los sombreros de paja y de las cuerdas de *majagua,* de cuyo trabajo hacen ella y sus hijas su ocupacion exclusiva.[91] Lo que no hace es descender jamás á las humildes faenas de la casa, y cualquiera que sea la medianía de la fortuna, tiene siempre una esclava.

Nuestras campesinas son delicadas, y cuidan mucho de su adorno; estan siempre vestidas de blanco, y llevan flores naturales en la cabeza; egercen una grande influencia sobre sus maridos, cuyas atenciones y buenas maneras podrían servir de modelo á nuestros elegantes, no siendo raro ver á estos hombres acompañar á sus mujeres á la iglesia, llevando el tapete que ponen en el suelo para· arrodillarse.[92]

Verdad es que un guagiro no se casa nunca sino poseido de un amor desenfrenado, y que no obtiene la recompensa de su amada sino despues de muchas pruebas de constancia; por lo demás como su labor le dá tan poco trabajo, pasa en gran parte su vida entre el amor y el placer. Confiado en la prodigalidad de una naturaleza espléndida, y seguro de hallar en todas partes mieses y frutas en gran abundancia, la pereza, la voluptuosidad y el amor de la independencia se apoderan de su alma, y ponen un sello en todas las acciones de su vida; gusta mucho de lujo en su persona; pasa las mañanas en los reñideros de gallos, y las noches en el baile ó cantando á la guitarra enfrente de la estancia de su querida; es poeta y valiente á la vez, y si alguna vez acontece que estando él cantando ó echando requiebros aparece por allí su rival, se bate con él, y le dá ó recibe un machetazo en honor de la que ama. En cualquiera de estos casos escapa con su fogoso caballo por los cañaverales, y si está herido su primer cuidado es hacerse curar, á fin de poder hacer lo mismo al dia siguiente en que vuelve tambien á caballo, porque ¿qué diría su amada si le viese llegar á pié y con un vestido desaliñado? Le desdeñaría como á un miserable, y le reemplazaría con otro en la primera ocasion que se le presentase.

Al momento que empieza á amanecer se arma el guagiro de su machete y de su espuela, y apresta el caballo. Le pone la brida, que es una cuerda adornada en todo su largo con flecos de lana de color, y un frontil con los mismos adornos; despues le peina las crines, le pasa muchas veces la mano por el cuello, y le regala con un buen terron de azúcar, mientras que el fiero animal relincha y bate la tierra con sus pies, orgulloso al mirar el sol y al sentir las caricias de su amo; en seguida salta sobre el corcel, le dá un silbido, lé suelta la brida, y lo lanza en los bosques. Un sombrero de paja de anchas alas, rodeado de un pañuelo de seda, un pantalon blanco con la camisa por encima de él para sentir mas el fresco, el cuello de esta doblado, abier[t]o y caido sobre los hombros, y alrededor un pañuelo de color apenas sujeto, y con los picos

---

91   *Majagua:* «Voz antillana. Árbol americano (…) que crece hasta doce metros de altura, con tronco recto y grueso, copa bien poblada, hojas grandes, alternas y acorazonadas, flores de cinco pétalos purpúreos y fruto amarillo. Es muy común en los terrenos anegadizos de la isla de Cuba.» *RAE.*

92   Nótese el recurso pintoresco para resaltar la imagen idealizada de la guajira.

flotantes; elegantes zapatos de tafilete de color guarnecidos de espuelas de plata, cuyos lazos de seda han sido bordados por la mujer ó por su querida; á un lado del rico cinturon, regalo tambien de su amor, pendiente el machete con puño de plata incrustado de pedrería, y asomando en el otro lado el cabo de ébano de su puñal; tal es el trage del guagiro. Añádese á esto que cuando vá á algun negocio lleva un saco pendiente de su espalda, y cuando vá á alguna escursion amorosa coloca la guitarra y el quitasol detrás de la silla de su caballo.

Una vez en camino el guagiro vá de ingenio en ingenio, de cafetal en cafetal; vende sus frutos, cobra sus fondos, y vuelve á comer con su familia un excelente agiaco acompañado de bananas fritas y de otras legumbres; acabada la comida le traen una baraja y granos de maiz que sirven de fichas, y juega con sus compañeros y vecinos, saboreando mientras la partida deliciosos cigarros elaborados por su mujer, por su hija ú por su querida.[93]

Cuando se cansa de jugar monta otra vez en su caballo, y se dirige, acompañado de sus dulces pensamientos iluminados por los últimos rayos del sol, á la puerta de su guagira, la cual vestida de blanco, y con una flor negligentemente colocada sobre su oreja, le acecha, le mira, y le sonrie desde lejos.

Lo que mas quiere el guagiro despues de su amada es su caballo y su machete. El uno es el alma de su vida vagabunda, el que le conduce al baile, á los reñideros de gallos y á las citas de amor. El machete es ademas un objeto de lujo, un arma dispensable para su defensa, porque el guagiro riñe frecuentemente en singular combate con sus rivales al salir del baile, con los ladrones, y con las jaurias de perros que encuentra en el patio de la casa de su amada.

El baile de los guagiros es sencillo y ardiente como su vida.[94] Dos personas, hombre y mujer, principian este baile, que consiste en un paso sencillo marcado enérgicamente de tiempo en tiempo por patadas en el suelo que llevan el compás de la música, que es tambien muy sencilla, y que carece del acorde mayor y del acorde relativo. Pero cuánta pasion en los ojos y en las actitudes del guagiro! cuán agradable sencillez en la postura de la guagira! Sus manos sostienen ligeramente por ambos lados los pliegues de su vestido echándolo hácia adelante á la manera de flores tímidas que cierran sus pétalos al calor del sol. El guagiro con los dos brazos atrás, con la muñeca izquierda agarrada con los dedos de la mano derecha, con los ojos vivos y la actitud fiera, se adelanta hacia la mujer, que se vá retirando al mismo tiempo, hasta que al fin la alcanza; entonces finge retirarse, y es perseguido á su vez por su compañera, hasta que al fin se juntan, y el baile toma un carácter delirante que dura hasta su conclusión. Los bailarines no se detienen nunca hasta que los espectadores observan sus [su] cansancio, y son reemplazados por otros; pero

---

93   *Ajiaco.* Potaje criollo compuesto de carne, verduras, malangas y sazonado con ají; para Fernando Ortiz, el símbolo de la transculturación que produjo la cultura cubana.

94   Se trata del zapateado o zapateo, baile campesino inmortalizado en la litografía de Frédéric Mialhe, *Viage pintoresco alrededor de la isla de Cuba dedicado al Señor Conde de Villanueva* (La Habana: Litografía de Luis Marquier, circa 1840). Cuban Heritage Collection, Otto G. Richter Library, University of Miami.

los primeros no dejan de bailar sino uno despues de otro á compás, y sin que la música cese. Por lo general el hombre es reemplazado muchas veces antes que la mujer. Hé aquí una anécdota que yo he oido á mi tio, y que le fué contada por el mismo héroe de la aventura que era un *sitiero*[95] vecino suyo. Os la voy á contar del mismo modo que á mí me la han contado, y ella os dará una idea de la importancia del machete en la vida aventurera de los guagiros.[96]

José María era un guagiro que, como todos los dé su especie, pasaba su vida entre las riñas de gallos y sus queridas. No que tuviese muchas queridas á la vez; el guagiro es demasiado apasionado para cometer tal felonía; pero admira siempre al bello sexo, y aunque no ame mas que á una, las corteja á todas, y se hace el terror de los padres y de los maridos. El guagiro no vive sino de amor y de música; su carácter es dulce y alegre, su alma generosa en la amistad sincera, y entusiasta en el amor. Su memoria es tan prodigiosa que, ademas de los versos que él mismo compone, sabe tantas coplas y tantas décimas, que si se pusiese á entonarlas una tras otra, se estaría cantando cien años seguidos.

Para hacer una declaracion de amor el guagiro lia una sortija en alguna décima, y hace de manera que su querida se la encuentre bajo la almohada. Si la jóven aparece por la mañana con la sortija en el dedo, el amante se cree correspondido, y desde entonces se ocupa exclusivamente de ella, y pasa muchas noches cantando bajo su ventana hasta que ella baja á abrirle la puerta. Es necesario, sin embargo, advertir que á veces se lleva cantando noches y noches sin conseguir ni este pequeño favor. Era una noche hermosa y serena; la luna, iluminando un cielo azul muy oscuro, parecia comenzar á ocultarse tras los bosques que coronan las alturas de la Vigia, y se la veia agrandarse insensiblemente al través de los grupos espesos de palmeras que, como inmensas columnas, se elevaban á lo lejos entre las sombras de la noche.

Apoyado negligentemente contra uno de los árboles que sostenian su cabaña, José María parecia comtemplar [contemplar] la marcha silenciosa de los astros. Estaba ya preparado para salir con el machete en la cintura, y las espuelas puestas; su caballo *Moro,* enteramente arreado y atado á un poste, no esperaba mas que una señal para tomar el galope; pero el amo continuaba in-móvil con los ojos fijos en la luna. Así estuvo mucho tiempo, hasta que al fin se dirigió repentinamente hácia Moro, saltó en él, dió el silbido, y desapareció.

En lugar de tomar el camino derecho que conduce desde San Diego á Bahia-honda, no parecia sino que el guagiro no trataba de prolongar su camino, internándose en un laberinto de sendas apenas practicadas que ser-penteaban entre los bejucos y las palmeras que cubren los montes agrestes de *Peñablanca* y el *Brujo.* Al cabo de una media hora volvió á la llanura, se detuvo en la orilla del rio que corre al pié del monte, y allí volvió á permanecer mucho tiempo contemplativo.

Era demasiado temprano. El deseo y la impaciencia de ver á su querida

---

95   *Sitiero:* Voz cubana. «Persona que posee o lleva en arriendo un sitio, estancia dedicada al cultivo.» *RAE.*

96   El relato a continuación está calcado en un cuadro de costumbres titulado «Amoríos y contratiempos de un guajiro,» publicado en *La Cartera Cubana* en 1839 bajo el apartado «Costumbres.» Este fue el primer borrador de «El guajiro» de Cirilo Villaverde, pu-blicado en el *Faro Industrial de la Habana* en 1842.

lo habian engañado; la luna, que por estar oculta detrás de la montaña, le habia parecido próxima á desaparecer, estaba todavía muy alta en el horizonte; ¿qué hacer pues? Si llegaba antes de la cita, se exponia á ser descubierto, aunque se escondiese entre los bambues que rodeaban la casa de Marianita, y por otra parte estaba seguro de que esta no saldria hasta la hora convenida, porque ella tambien conocería en los astros la hora que era. «¿Cómo he podido engañarme?» exclamaba el guagiro en su impaciencia. Los gallos de la Merced, de San Ignacio y de la Candelaria, todos los gallos del mundo han cantado ya dos veces; y la luna no se mueve del cielo; y nadie parece todavía en el campo! voto á Dios! y olvidando que habia soltado las riendas de su caballo, pegó un puñetazo terrible al arzon de la silla. Espantado y lleno de ardor, el caballo escapó con la velocidad del rayo. José María, fuera de sí, con el cuerpo echado hácia adelante, agarrando las crines con las manos crispadas de cólera, le metió las espuelas sin acordarse de que la sangre del pobre Moro corria y manchaba los lazos de las espuelas, regalo que le habia hecho su querida. El animal herido y furioso ni sentia el freno ni escuchaba la voz, y acostumbrado como estaba á los paseos nocturnos, en lugar de tomar el camino de la casa del guagiro, lo puso á los pocos minutos á corta distancia de la estancia de Marianita.

Allí se empeñó una lucha terrible entre el caballo y el ginete; el uno quería seguir, el otro quería pararse, y la cólera del guagiro no tenia ya límites. Se le habian perdido el sombrero de paja y la bolsa llena de cigarros y de coplas á su querida. Por fin echó mano á las riendas, y dando un grito terrible que resonó en la montaña, detuvo al caballo que se paró temblando de miedo. Entonces el guagiro quiso vengarse, á pesar de la docilidad de que Moro acababa de dar una prueba en cuanto su amo se apoderó de las riendas, y bajándose y tirando de su machete, iba ya á descargarlo sobre el cuello del animal. José María queria á su caballo tal vez mas que á Marianita; lo habia criado, y estaba orgulloso de su hermosura. Le encantaban la ligereza de sus miembros y el aire orgulloso de su cabeza, y jamás habia visto animal dotado de tanto instinto, ni de tanto valor. Una vez montado en él, José María no tenia miedo á ladrones ni á la justicia, y la velocidad de su carrera le habia salvado muchas veces de las emboscadas de sus rivales. Su pasion por aquel noble animal llegaba hasta el delirio, y Moro le correspondia por su parte. Cuando su amo bajaba al amanecer á la pradera y lo desataba para llevarlo á beber, la alegría del animal se manifestaba de mil maneras; relinchaba, piafaba, y se ponia de rodillas para lamer los pies de su amo. José María le echaba los brazos al cuello; lo besaba en la frente como á un niño; le pasaba la mano por el cuello; lo montaba en pelo, y lo llevaba al rio. Todos estos recuerdos se presentaron á la imaginacion del guagiro cuando la punta de su machete iba ya á penetrar en el pecho de Moro, el cual, con la cabeza levantada y las orejas tiesas, fijaba en él sus ojos brillantes, y parecia esperar el golpe mortal con valor y resignacion.

El machete cayó al suelo, y el guagiro apoyando el codo en la silla, y poniéndose la mano en la frente, con el pecho oprimido y la voz conmovida: «Perdóname, Moro mio, exclamó, como si el caballo hubiera podido entenderle; estoy fuera de mí; ella tiene la culpa. Matarte yo á tí, que eres el compañero de mis penas y de mis correrías solitarias! Primero mataría á esa ingrata! Paciencia, Moro mio, ya verás como, cuando seas viejo, te doy libertad y descanso.» Así hablaba José María á su caballo mientras recogió del suelo su bolsa, sus cigarros, sus versos y su sombrero de paja.

Entre tanto comenzaban á palidecer las estrellas con los primeros rayos del dia; la luna habia desaparecido, y las palmeras de la montaña se destacaban sobre un horizonte luminoso. El paso del caballo resonaba á lo lejos en medio del silencio letárgico de los campos, y José María caminaba lentamente por un camino ceñido por un lado de pinos que crecian á la orilla del rio, y por el otro de las paredes de un cementerio.

Su valor famoso entre los valientes no le habia abandonado; pero su corazon latia con violencia al acercarse al lugar que habitaba su querida. Al poco espacio el rio daba una vuelta repentina; el camino seguia entre dos rocas, y desde allí se alcanzaba ya á ver á lo lejos la casa de D. Antonio Morella, padre de Marianita.

José tiró de la rienda al caballo, y éste se paró. Las miradas del guagiro se fijaron un instante en las casas de la aldea, que apenas podia distinguir al través de los árboles; pero bien pronto volvió á ponerse en camino, y no tardó en distinguir claramente las blancas paredes que encerraban su tesoro. A lo lejos se veia una cruz negra... era la que coronaba la casa de Marianita.

Despues de haber atravesado el plantío de naranjos que separaba la casa del camino, José María se bajó, sin hacer ruido, del caballo, y atándolo á un árbol, echándose el sombrero á un lado, sacando su maleta hasta la mitad, y apoyándose sobre un naranjo, se entregó á todo el delirio de su amor y esperanza. A cada instante se le figuraba ver aparecer á su hermosa entre los altos pimenteros que le separaban de ella, y caer como una paloma entre sus brazos.

Pero la casa seguia en el mas profundo silencio, y la pared en que estaba clavada la cruz negra parecia una piedra sepulcral mas bien que una morada de vida y amor.

El montero, inmóvil é impaciente, lanzaba continuas miradas por debajo del ala de su sombrero, como si quisiese penetrar hasta el sitio en que reposaba su querida. Su temor de ser descubierto antes de ver á Marianita era tal, que ni siquiera se defendia de las picaduras de unas abejas que tenian allí cerca la colmena, dándoles su sangre de buen grado, á trueque de acallar su zumbido, y de escuchar un sonido, un suspiro que saliese por la ventana de su querida.

Cuatro dias antes de esta cita José María se habia batido con su rival al salir del baile. Marianita lo sabia, y su amante no dudaba que arrostraría todos los peligros por venir á verle y calmar sus propios temores.

Pero se adelantaba la hora, y Marianita no daba señal de vida. ¿Sería que su padre habia descubierto la cita, ó que la misma inquietud por la suerte de su amante habría acabado por sumirla en un sueño profundo! Sería tal vez que hubiese olvidado el dia y la hora convenidos....?

—Cantaré, dijo el guagiro: ella se despertará; y sino saldrá alguien, y me batiré con él. A lo menos no podrá decir que he faltado á mi palabra. Sí; cantaré con toda mi voz, aunque se despierte toda la aldea, para que sepa que sé amar mejor que ella. Ingrata! y mañana tendrá valor de decirme: Pepe, si me dormí!

A este punto sonó el canto de un gallo, y respondieron todos los gallos de los alrededores. El dia iba á nacer.

Recostado contra el naranjo, y con la mano derecha puesta en el puño de su machete, el guagiro entonó con voz dulce y armoniosa la décima siguiente:

> Muriéndome estoy de frio
> Junto á un naranjo sombroso,
> Mientras mi dueño amoroso
> Duerme, duerme á su alvedrío.
> A la inclemencia, al rocío,
> Al sol, al agua y al viento
>
> Paso un millar de tormentos…..
> Para mis males ni un hora
> Del mas mínimo contento.

—*Contento!* repitieron los ecos, y latió el corazon de Marianita. Recostase ésta en el lecho, y alargando el brazo á la tarima en que dormia su negra, hizo por despertarla diciendo: Francisca, Francisca! Pepe está ahí; el pobrecito se estará muriendo de frio.

La voz se volvió á hacer oir:

> Pues que no hay ocasion
> Para que hablemos aquí,
> Donde me temes á mí
> Y temes mi corazon;

—No, no, esclamó la jóven saltando del lecho; yo no te temo, Pepe mio; á quien temo es á mi padre que tiene el sueño tan ligero como el vuelo de un pájaro.

Y el canto continuó:

> Digo, no tienes razon
> Para de mi fé dudar:
> En casa, en el platanar
> Tú serás mi Dios, mi encanto;

Y juro por lo mas santo
Que nada te ha de faltar.

—Si, replicó la jóven como herida de un triste recuerdo. Siempre las mismas promesas, y luego…... —Francisca, Francisca, acábate de despertar; levántate; ¿no oyes cómo se queja de mí José María? ¿Qué haré, Dios mio? Dime, negrita, dímelo.

—Yo apenas lo he oido.

—Ya, si parece que no has despertado todavía! Vamos, levántate, y vé á mirar por las rendijas del yagua á ver si le ves; anda pronto, diablillo.

—Jesus María, niña, dijo la negra, hace un frio….

—Qué estás diciendo? levántate, le respondió su ama sacudiéndole la cabeza contra la almohada.

—Por la virgen santísima, niña! Su merced me va á matar.

—No grites, no grites, que vas á despertar á papá; anda á mirar por la rendija.

La negra se levantó, y se puso á mirar por donde le habian dicho, mientras que su ama, con las manos apoyadas en su espalda, le preguntaba:

—¿Ves algo?

—Ni siquiera las hojas del plátano.

—Estás ciega?

—No, niña. ¿Por qué su merced misma no mira?

—Porque tengo miedo.

—Pues yo no veo á nadie.

—Te engañas: yo le he oido.

Y haciendo á un lado la negra, Marianita se puso á mirar por la rendija.

—Allí está el pobrecito embozado en su capa, exclamó muy alegre, y tambien está Moro. Francisca, tráeme un *cocuyo* [(1)] para hacerle la seña.

Marianita tomó el cocuyo; sacó el brazo fuera de la puerta, y agitó el insecto que brilló en el espacio como un fuego fátuo. Su amante la comprendió, y echó á correr hácia allá; pero ¡oh fatalidad! apenas se habia acercado á la casa, cuando un perro enorme se lanzó sobre él y lo echó al suelo. José María se levantó al instante; tiró de su machete; lo descargó sobre el perro, y lo partió por la mitad. Al ruido se pusieron á ladrar todos los perros de la vecindad; se levantaron y salieron los negros; Marianita se desmayó en los brazos de su negra, y las puertas de la casa se abrieron con estrépito; pero José María habia desaparecido ya en su caballo.

Espero poderos dar en breve la continuacion de la historia de José María.[97]

---

(1)   Insecto de Indias que dá luz de noche como la luciérnaga. *(N. del A.)*

97   Aquí la condesa corta abruptamente el relato, quizás debido a que solamente pudo consultar la primera entrega de «Amoríos y contratiempos de un guajiro». Cf. *Gender and Nationalism in Colonial Cuba*: «The story appears in truncated form because Merlin apparently only had access to the first draft of Villaverde's novella, published a year before her journey» (120) [La historia se corta porque aparentemente Merlin tuvo acceso solamente a la primera versión de la novela de Villaverde, que se publicó un año antes de su viaje.]

Despues de sus queridas y de sus caballos, lo que ocupa mas exclusivamente al guagiro, son los gallos y los perros. La belleza de los primeros y la
esperanza de verlos un dia vencer á sus rivales en la lucha, le llenan de orgullo
como si fuesen sus compañeros; y cuando tiene su gallo favorito en las manos;
cuando le abre el pico para ver si su lengua es rosada; cuando prueba la fuerza
de los espolones en sus propias manos, es necesario ver su sonrisa de triunfo
para convencerse de la importancia que dá á esta diversion. El guagiro os
cuenta la genealogía de su gallo, la pureza de su sangre, las proezas de sus
abuelos, su educacion, y la certidumbre que tiene de que aquel animal ha de
vencer á su contrario. En seguida monta á caballo con todo el ardor del sol,
con su quitasol en una mano y su gallo en la otra, y se marcha alegremente á
la pelea, que suele ser á cuatro ó cinco leguas de distancia.

El hombre salvaje tiene frecuentemente por auxiliar á la raza canina;
porque allí es donde la ley es la fuerza: el perro es un salvaguardia, no solo
contra la ferocidad de los animales, sino tambien contra los ataques de los
hombres. En el interior de la isla de Cuba se encuentran manadas de mastines
aguerridos y temibles. Los americanos han hecho el ensayo enviando á las Floridas un gran número de estos animales regimentados. ¿No os parece esto cobarde y bárbaro al mismo tiempo? En un pueblo organizado en sociedad, para
quien la guerra tiene sus leyes prescritas por la humanidad, esta sería la mayor
de las infamias; pero el guagiro se hace seguir de su trailla á los desiertos para
defenderse, y libra en ella su propia vida. Hé aquí un rasgo de que yo misma
he sido testigo en mi viaje á San Marcos.

Teníamos proyectado mis primas y yo un paseo por la tarde. El tiempo
estaba hermoso, y habíamos enviado por la mañana una porcion de negros
para que con ramas de árboles y hojas de palmera nos formasen un vado en
el rio; el cual, como la mayor parte de los de la isla, no tiene puente ni siquiera
nombre, y tiene tambien de comun con los demas el pasar repentinamente de
su estado natural á crecidas considerables. Generalmente es vadeable, y sus
ondas se asemejan á un espejo; pero algunas horas de tempestad bastan para
convertir sus corrientes en torrentes impetuosos, que arrastran consigo los árboles y aun las piedras; verdad es que cada gota de lluvia bastaría en este pais
para llenar medio vaso de agua. Al acercarnos al rio oimos un ruido extraño,
y bien pronto vimos que acababa de salir de madre, á causa sin duda de alguna
tormenta que acababa de descargar en las montañas. Los despojos de nuestro
puente sobrenadaban aquí y allí en medio de las aguas furiosas, cuya des-
bordada corriente arrastraba cuanto se le ponia delante.

No es necesario deciros que renunciamos á nuestro proyecto; y ya estábamos tratando de dar otra direccion á nuestro paseo, cuando vimos en la
orilla opuesta un guagiro montado en una mula y seguido de cuatro perros
que se disponia á vadear el rio. Viéndolo sin embargo tan crecido, se paró;
midió con sus ojos la distancia que lo separaba de la otra orilla, y bajando la
cabeza, pareció vacilar.

El guagiro llevaba, segun costumbre de todos ellos, su machete, su puñal de puño de ébano y un látigo enorme en la mano. Su sombrero de ala ancha y un poco echado hácia adelante nos habia impedido distinguir sus facciones, cuando una de mis primas, jóven muy aturdida, le gritó reconociéndole:

—Don Francisco, tiene V. miedo?

El guagiro alzó los ojos sin responder, y metiéndole las espuelas á la mula, se arrojó en el rio seguida de sus perros. Durante algunos minutos estuvo luchando con la corriente y animando con agudos gritos á la mula. Al fin llegó, no sin trabajo, [a] la orilla con tres de sus perros; el otro habia sido arrebatado por la corriente.

Don Francisco á pié ya y apoyado en el cuello de su mula, estuvo contemplando algunos instantes la direccion que seguia el animal; pero apenas cesó de verlo, cuando tirando el sombrero, el machete y el látigo, dió un salto y se arrojó al rio. En un segundo desapareció bajo el agua, y solo se vió un ligero remolino en la superficie: luego no se oyó mas que el ímpetu de la corriente, el ruido de las hojas pisadas por la mula que pacia en libertad, y el jolgorio de los perros que se revolcaban para enjugarse en la arena.

A nuestros gritos vinieron una porcion de hombres que estaban trabajando en el campo; pero no tardamos en ver aparecer sobre el agua la mitad del cuerpo del perro, arrastrando consigo un monton de lianas, de cañas y de ramas, de las cuales le impedia desembarazarse un obstáculo invisible que paralizaba sus movimentos.

Pero el instinto de la conservacion aumentaba las fuerzas del animal, y luchó y reluchó, hasta que vimos salir por encima del agua la mano de su dueño que se agarraba á él en las convulsiones de la agonía. Apenas lo vieron, cuando un negro, cuyos miembros y cuyos movimientos anunciaban la agilidad y la fuerza, se arrojó tambien al agua, y bien pronto lo vimos aparecer soplando como una ballena, y trayendo consigo al guagiro y al perro.

Ya veis, pues, que el guagiro ó montero de Cuba tiene los mismos instintos y el mismo valor que los africanos, suavizados por todo lo que hay de dulce ó de tierno en el carácter criollo.[98] Se encuentran en ellos el ardor entusiasta y la galantería caballeresca de los africanos; pero modificadas estas cualidades por esta indolente alegría, esta dulzura de costumbres y de temperamento que la hermosura del clima, unida á la prodigalidad de la naturaleza, inspira á los habitantes de la tierra de promision.

---

98 Esta última escena se calca de *Excursión de Vuelta Abajo* de Villaverde, pp. 83-84, 87-89, 90-94. Es probable que la condesa lo haya incluido ya que la comparación entre guajiros y africanos favorecía la política de colonización blanca, impulsada por criollos ilustres para amortiguar los estragos de la trata ilegal de esclavos.

Carta VII

La vida en La Habana. – Escena nocturna. – La muerte. – El lujo de los entierros. – Los negros de duelo. – El cementerio. – El obispo Espada. – La misa. La catedral. – Ensayo de arquitectura indigena. – La virgen. – Sepulcro de Cristobal Colon. – Santa Elena y Cuba.

Habana 16 de junio

Era hermosa la noche, y los rayos de la luna penetrando al través de los hierros de mi ventana, esparcian su dulce claridad sobre las flores de mi mosquitero, y venian á morir en plateados reflejos sobre la ropa de mi cama. El cielo poblado de estrellas se reflejaba en la superficie del mar, que llenaba el espacio de centellas fosfóricas y fugitivas que brillaban y se apagaban sucesivamente al soplo de la brisa. Todo era grandeza, silencio y deleite en la naturaleza.[99]

Aunque cansada del paseo, al contemplar este espectáculo, no podia yo trocar la vigilia por el sueño, la vida por la muerte.

—Nó, me decia yo á mí misma; la vida no es tan miserable como pretenden ciertas almas soberbias y descontentadizas. La perspectiva del cielo, la hermosura de la naturaleza, la luz, la paz interior, estos bienes que estan al alcance de todos, son elementos sublimes de dicha para el hombre. Estos dones magníficos, y los placeres que resultan de la salud, de la fuerza, del uso de nuestras facultades, ¿no son objetos de eterno reconocimiento hácia la Providencia?

Mientras hacia estas reflexiones, mis ojos distinguian al través del mosquitero y á la claridad de la luna grandes festones de pitas y de lianas pendientes del techo de la casa vecina, y enredadas en los hierros de los balcones. Aquellas plantas y aquel balcon me recordaron naturalmente una jóven encantadora que veia todas las tardes recostada en su butaca, mientras que una negra sentada allí junto le tenia los pies entre sus manos para que no tocasen al suelo.

Dos *romeguines* atados con un hilo daban vueltas al balcon, y recogian cantando los granos de trigo que les daba la jóven.[100] Era ésta bastante hermosa y extremadamente delgada. Su delicada tez era pálida y transparente; y aunque en un estado habitual de languidez, tenia movimientos de grande alegría que hacian brillar sus negros y hundidos ojos con un resplandor ex-

---

99   Expresión de lo sublime.

100   *Romeguines: tomeguines:* «Voz cubana. Pájaro pequeño, de pico corto cónico, plumaje de color verdoso por encima, ceniciento por el pecho y las patas y con una gola amarilla.» *RAE.*

traordinario. Entonces tomaba entre las manos la cabeza de la negra, jugaba con ella y le daba suaves palmadas en la cara, hasta que cansada y desvanecida, se volvia á echar en la espalda de su butaca, y jugaba maquinalmente con las cuentas de marfil de un rosario que llevaba al cuello la esclava, la cual por su parte, inquieta y observando sus mas mínimos movimientos, parecia no vivir sino de la vida de su ama.[101]

Yo no sé qué atractivo me hacia ponerme detrás de mi persiana á la hora que aquella jóven se sentaba al balcon. La amaba yo porque era bonita; la amaba todavía mas porque padecia, y estaba siempre temiendo no volverla á encontrar allí al dia siguiente.

—¿No os ha sucedido á vos, amigo mio, sentir una inquietud secreta y sin motivo que se parece al miedo? Es mas que un presentimiento, es el presagio cierto é inmediato de una desgracia. Hacia ya muchos dias que la jóven no se ponia al balcon. Esta noche, como siempre, su balcon y sus ventanas estaban abiertas, y sin embargo de reinar en la ciudad una calma profunda, me figuraba percibir desde el fondo de mi lecho una agitacion lejana, que parecia salir del interior de la casa.

Se adelantaba la noche, y la brisa comenzaba á refrescar y á derramar su encanto en mis sentidos; y estaba yo ya dormida, cuándo me despertaron unos gritos como no recuerdo haberlos oído jamás.....Era el dolor; era la desesperacion africana...! Una voz ronca é interrumpida repetia sin cesar: «*Mi amo, mi amo, niña de mi corazon...!*»- Será la negra que le estarán pegando? exclamé yo; y saltando conmovida de la cama, como si pudiese impedirlo, me encontré de un salto con la cabeza en los hierros de la ventana.

Qué espectáculo! La sala estaba sumida en una oscuridad profunda; pero la vista se detenia en un catre de viento colocado en medio de una segunda pieza; y á la distancia en que me encontraba, solo podia distinguir, á la luz de una porcion de bujías, un brazo que colgaba de la cama y una porcion de cabellos que pendian hasta el suelo. Allí junto se veia un hombre sentado, con la cara entre las manos, entregado á todo el delirio del dolor, y mas allá una negra casi desnuda revolcándose en el suelo, haciendo demostraciones de la mas violenta desesperacion. Entonces lo comprendí todo......—Pobre flor! apenas nacida, tu cáliz no se habia abierto sino para volver al cielo el perfume que habia depositado en tu seno.

A la mañana siguiente la casa estaba en el mas profundo silencio. Las ventanas estaban abiertas, y en medio de la sala, encima de un catafalco de doce pies de alto, iluminado por una multitud de cirios, reposaba el cuerpo de aquella jóven con el hábito de religiosa de Santa Clara. Su cabeza estaba adornada de una guirnalda de rosas blancas, y todo su cuerpo cubierto de flores, arrojadas por los curiosos que, segun costumbre, entraban sin cesar en la casa para rociar á la difunta con agua bendita.

El padre y la negra habian desaparecido, y dos sacerdotes oraban cerca de

---

101 Extraordinaria escena, que muestra la dependencia mutua entre ama y esclava, enlazadas, a pesar del abismo de clase y condición que las separa, por la condición femenina. Al identificarse con la hermosa criolla, la condesa parece revivir su propia infancia, narrada en *Mis doce primeros años,* donde también se establece una identificación parecida entre narradora y esclava.

aquel ángel, mientras que los dos *romeguines* jugaban con las gotas de rocío que brillaban todavía en las enredaderas del balcon.

Al dia siguiente el cortejo fúnebre se puso en marcha para el cementerio. El entierro de una persona de alto rango se hace en la Habana con una pompa que parece pagar anticipadamente la deuda de los recuerdos. Colocan el cuerpo en un carruaje de cuatro ruedas, el único tal vez que existe en la ciudad. Los clérigos y las comunidades de frailes van rezando en alta voz junto al carruaje, y en seguida se vé un gran número de negros de gran librea, adornados de galones y de escudos de armas, y en calzon corto, caminando en dos filas, con cirios en la mano. Los quitrines de lujo cierran la comitiva, que se prolonga hasta lo infinito. Un negro de librea es, mi querido marqués, un espectáculo curioso y divertido, bien poco en armonía con la seriedad dé semejante comitiva, y aunque muy á pesar mio, me veo obligada, para no faltar á la verdad histórica, á mezclar á las tristes imágenes que ofrece esta carta, la pintura de este vestido lujoso y grotesco, que aquí se lleva solamente en estos casos.

Las familias de la Habana tienen la costumbre de prestarse mútuamente sus esclavos para mayor ostentacion de los entierros. Ahora bien, como los negros en su vida ordinaria andan tan ligeramente vestidos, que sus hombros apenas estan acostumbrados al peso de una camisa, cuando se ven engalanados con estos vestidos de paño, todos bordados de galones y con la cabeza cubierta con un sombrero de tres picos; cuando en lugar de los anchos pantalones de lienzo se encuentran metidos en aquellos calzones de paño, jadean y soplan como cetáceos; se desabotonan las casacas; se suben las mangas hasta el codo; mueven los hombros como para desembarazarse de aquel peso, y para completar la caricatura, sus sombreros conservan apenas el equilibrio para no caérseles de la cabeza.

La comitiva se puso en marcha, y yo hubiera querido seguirla... Sentia la necesidad de rogar á Dios por todo lo que he perdido. La imágen de mi padre y de mi madre estuvieron delante de mí todo el dia, y á las siete de la mañana siguiente ya yo estaba sola en mi quitrin camino del cementerio.[102]

Habia salido de la ciudad por la puerta de la Punta. Despues de haber recorrido las murallas por la parte del mar, pasamos por enfrente de la cárcel antigua que sirve actualmente de cuartel á una parte de la guarnicion, y volviéndonos hacia la derecha, atravesamos el hermoso paseo de la Punta y sus calles inmensas de sicomoros.[103] Bien pronto volvimos á ver al mar á nuestra derecha, sereno, azul, inmóvil, y como anegado en los torrentes de luz que caian sobre la superficie. A mi izquierda se extendia una vegetacion magnífica, bañada por los rayos ardientes del sol, pero que lejos de debilitarse bajo su peso, dibujaba sus contornos grandes y suaves á un mismo tiempo en un golfo de dorados resplandores. En vano buscaba mi espíritu en aquella natu-

---

102 La escena del duelo por la criolla recién enterrada evoca el sentimiento de pérdida, emoción subyacente a lo largo de todo el relato, cuya escritura se efectúa como compensación del objeto perdido, la patria.

103 *Sicomoros:* Árbol frondoso, conocido como «plátano falso» ya que sus hojas se parecen a las del plátano de sombra. *RAE.*

raleza resplandeciente algunos sonidos melancólicos que respondiesen al sentimiento doloroso, á las ideas de muerte que me habian agitado una parte de la noche; todo en ella era vida; una vida movible y ardiente, como si la naturaleza fuese á desposarse. No lejos de la orilla distinguí la torre de San Lázaro, con sus paredes ennegrecidas por el tiempo, y á algunos pasos á la derecha el hospital de lazarinos y la casa de locos. De esta manera donde la naturaleza está sola no hay mas que grandeza y magnificencia; donde está el hombre, no mas que sufrimiento y miseria.[104]

A los pocos minutos nos encontramos en frente de un pórtico de piedra de muy buen gusto, adornado de bajos relieves y rodeado de árboles, cuyas frutas y flores caian con profusion sobre las urnas cinerarias colocadas á los lados del edificio. Era la puerta del cementerio.

A los dos extremos del pórtico hay dos casas pequeñas ocultas enteramente entre los árboles; la una es la casa del cura; la otra la del enterrador.

El cementerio se compone de dos anchas calles de losas, que forman una cruz griega, dividida en cuatro brazos iguales, y rodeadas de una verja y de cipreses de prodigiosa altura. La calle de la entrada conduce á una capilla que está enfrente de la puerta. Apenas llegué, cuando turbada y con el corazon conmovido, me dirigí con un paso precipitado, á pesar del calor excesivo, al fondo del cementerio, volviendo sin cesar la cabeza á todos lados en la esperanza de encontrar un monumento, una inscripcion, una palabra que me indicase la última morada de los mios. Pero nada, ni una señal; nada mas que un suelo desigual y onduloso, como si fuese de arena movediza y volcánica.

Al acercarme á la capilla, distinguí algunas losas sepulcrales. Eran sepulcros colocados en fila con clasificaciones generales sobre cada una de ellas: *Para los presidentes gobernadores.—Para los generales de las reales armadas.— Para los obispos. —Para los eclesiásticos.* —En la fila de la nobleza se veian tambien en algunas losas los nombres y los títulos de los muertos; pero ni una flor, ni una corona; ningun símbolo ni recuerdo. Tampoco hallaba en ninguna parte el nombre de mi padre ni de mi mamita. Cansada y desanimada, me apoyé un momento sobre una de las columnas de la capilla. —«¿A quién busca la señora?» dijo á mi oido una voz ronca y jovial: volví la cabeza, y ví junto á mí un hombre de fisonomía franca, casi desnudo, y con un enorme sombrero de paja en la cabeza.

—Busco el lugar donde estan depositados los restos de mi padre y de mi abuela, le dije.

—Si la niña me dice los nombres y el año, verémos.[105]

Entonces le dí las señas que me pedia.

—San Cristobal mismo con todo su poder no podria señalároslos; porque ya lo veis, el cementerio de la Habana sería demasiado pequeño para el número

---

104 Oposición típicamente romántica.

105 A pesar de su edad, el hombre se dirige a Mercedes Merlin con el apelativo con que se distinguía a las criollas de familia aristocrática. El apodo mantiene a la criolla, al menos simbólicamente, en una etapa de atraso emocional. La trágica ironía de esta escena aumenta al considerar que, si Mercedes Merlin no pudo localizar la tumba de sus antepasados, hoy en día, el visitante al cementerio Père Lachaise de París tampoco podrá encontrar la tumba de la condesa.

de sus habitantes, si cada cuerpo hubiese de permanecer eternamente en su sitio. Por eso no se toman los nichos sino por un tiempo limitado, y cuando la tierra empieza á hincharse..... ¿Lo vé V., niña? entonces se cava la tierra, se nivela el suelo, preparándolo para recibir nuevos huéspedes, y los huesos de los antiguos se llevan con los otros que estan allí. —Y me enseñó cuatro osarios piramidales que formaban profanamente los cuatro ángulos del cementerio. Hasta el año de 1805 los cadáveres se enterraban en las iglesias. En esta época, durante el gobierno de D. Francisco Someruelos, y por la influencia del obispo Espada, la Habana tuvo un cementerio. [106] Este digno prelado, tan santo como ilustrado, convencido de los inconvenientes que traia la costumbre de enterrar los muertos en las iglesias, sobre todo en un pais cómo este, pidió al gobierno la autorizacion y los fondos necesarios para construir un cementerio; y habiendo recibido la una y no los otros, lo hizo á su propia costa.

Trabajo le costó hacer adoptar á sus ovejas este santo asilo, y persuadirles que el alma podia irse al cielo aunque el cuerpo reposase en el campo en el seno de la naturaleza. Pero hizo mas; en su entusiasmo por las teorías ideales de la perfeccion angélica quiso hacer un cementerio verdaderamente cristiano; y temiendo que la vanidad no estableciese demasiada diferencia entre el sepulcro del rico y el del pobre, prohibió la ereccion de todo monumento especial, y aun la compra del terreno. Dió luego permiso para que los negros fuesen enterrados con los blancos, y se limitó á formar líneas de demarcacion para las corporaciones y las autoridades, destruyendo así la igualdad y apoteosis buscada, y conservando despues de la muerte las distinciones de la gerarquía social. [107] Así, pues, mientras que por contemplar la envidia del pobre añadia un nuevo sufrimiento al dolor del rico, prolongaba mas allá de la tumba títulos estériles y categorías impotentes para excitar otro sentimiento mas que la compasion.

El error del santo prelado no disminuye en nada sus virtudes, cuya memoria es siempre cara á los habaneros; pero sería justo y conveniente variar el reglamento del cementerio, para que á lo menos la madre pudiese venir á llorar á su hija en la tumba, y abrazar la tierra que la cubre; para que la hija, clavando los labios en el mármol que encierra los restos de su madre, pudiese pedirle todavía un consejo y un consuelo!

La viva imaginacion de estos habitantes es muy ocasionada al olvido. Su vida interior refleja la naturaleza que les rodea; ni se acuerdan de la muerte, ni la comprenden, ni les inquieta, y hablan de ella tan alegremente como de un banquete en un baile. Bajo un clima tan poderoso que todo es vida, su ardiente energía absorve todas las facultades, y les tiene como encadenados al renacimiento perpétuo de la naturaleza. Embebido constantemente en el espectáculo de una vegetacion magnífica, que se reproduce bajo mil formas y mil colores; acostumbrado á ver sin cesar las flores, los capullos y los frutos renovarse á la vez en los árboles, cómo podría el habanero comprender la

---

106 *Salvador del Muro y Salazar, Marqués de Someruelos:* (1754-1813), Capitán General de la isla de Cuba entre 1799 y 1812.

107 Aguda crítica a la administración colonial.

muerte? La vida es para él el placer, y él goza de todo; la muerte pasa á su lado, y no tiene tiempo para mirarla.[108]

El hombre del norte, acostumbrado á luchar con la aspereza de un clima desnudo de los productos de la tierra en presencia de una naturaleza desnuda y desolada, se familiariza con la idea de la destruccion, y se complace en ella por costumbre. Las privaciones, el trabajo y los sufrimientos le acercan á la muerte; si canta es una balada sobre sus antepasados, cuyos altos hechos recuerda; si contempla, evoca los manes de los héroes de su tribu, y riega con lágrimas religiosas el árbol que plantó sobre la tumba de su madre. Sobre él pesa una atmósfera oscura y brumosa bajo un cielo sin sol, y entre yelos eternos; ninguna variedad, ningun movimiento vienen á sacarle de sus meditaciones; sus emociones se concentran, su carácter se hace melancólico y resignado, y acaba por vivir muriendo.

No creais sin embargo, amigo mio, que la influencia de la naturaleza debilite en los habaneros la facultad del dolor como la de los recuerdos. La intimidad de los lazos de familia, la vida concentrada exclusivamente en las afecciones del amor, desarrollan en ellos muy activamente la facultad de sentir y de sufrir. La pérdida de los objetos queridos los sume en la desesperacion, y rara vez viene á mezclarse la idea del interés á sus enérgicos dolores.[109]

En la Habana el hijo no espera la muerte de sus padres para gozar de la opulencia. El jefe de la familia, á medida qué sus hijos van llegando á la edad de la razon, les vá dando una cantidad, y diciéndoles: «hijo mio, foméntate;» y como aquí se hace una fortuna en poco tiempo, antes que el padre haya concluido su carrera, los hijos ya son ricos, mas ricos tal vez que su padre.

Así, pues, el sentimiento puro y sagrado del amor filial se mancha aquí rara vez con cálculos egoistas que repugnan tanto á la moral como á la naturaleza.[110]

Absorta en estas reflexiones no me habia yo apercibido de que estábamos ya dentro de la ciudad, y de que mi negrito vá siempre delante montado en su mula, y experando mis órdenes. Largo tiempo hubiéramos caminado así, si el sonido cercano de las campanas no me hubiera advertido que estábamos cerca de la catedral.

La catedral actual no fué en su principio mas que una modesta capilla consagrada á San Isidro. En 1725 la reconstruyeron los jesuitas, y pocos años despues, expulsada ya la compañía de Jesus, la iglesia de San Isidoro vino á ser la primera parroquia de la ciudad. Su arquitectura semi-española y semi-clásica no tiene ni estilo ni antigüedad. Es un género mixto compuesto del árabe, del gótico y aun del mejicano primitivo; que como todas las obras del arte en los pueblos infantes es una imitacion de la naturaleza.[111]

---

108   Al equiparar al criollo con la naturaleza, de algún modo la condesa lo «femeniza,» atribuyéndole al europeo los valores superiores de la cultura.

109   Proyección de sus propios sentimientos y situación vital.

110   Estas reflexiones quizás se motivaron por el deseo de reconciliarse con su hermano, quien, como el personaje aquí descrito, heredó la mayor parte de los bienes del conde de Jaruco. La condesa quizás confiaba en su generosidad para facilitarle el reclamo de su herencia.

111   *Catedral de la Habana*: Se empezó a construir en 1748, destinada primero a Oratorio de la Orden de los Jesuitas (que fueron expulsados en 1767). Convertida posteriormente en catedral de estilo barroco, destaca la cúpula y las dos torres.

Al lado de las formas europeas, consagradas por la edad media y por la época del renacimiento, se ven agruparse objetos y frutos de las Antillas entrelazados con guirnaldas y flores esculpidas; estan imitadas allí las hojas del papayo anchas y lustrosas como cintas, dando vueltas alrededor de columnas sin base, y coronadas de penachos de ananas.[112]

Esta riqueza y este lujo de formas, arrojados á manos llenas y sin arte entre las antiguas formas tradicionales, hieren vivamente la imaginacion. La alianza del antiguo y del Nuevo mundo vive aquí en la piedra, y me recuerda esas ciudades subterráneas que hay en Italia, donde las generaciones que le han sucedido se sirven unas á otras de mortaja; donde la vida sucede á la muerte; donde los tipos diversos del arte estan, por decirlo así, colocados por pisos sobre los palacios de los moros, sobre las termas de los emperadores, sobre las catacumbas de los cristianos; donde los jardines se secan al calor subterráneo de los sepulcros.[113]

Ya lo veis, á Cuba le falta la poesía de los recuerdos; sus ecos solo repiten la poesía de la esperanza. Sus edificios no tienen historia. El habanero vive en lo presente y en lo porvenir; su imaginacion y su alma no se mueven sino ante la prodigiosa naturaleza que les rodea; sus palacios son las gigantescas nubes que besan el sol en su ocaso; sus arcos de triunfo la bóveda de los cielos: en lugar de obeliscos tienen palmeras; en lugar de escudos feudales la pluma resplandeciente del guacamayo[114], y en lugar de cuadros de Murillo[115] y de Rafael[116] los negros ojos de sus mujeres, iluminados por los rayos de la luna, y brillando de amor al través de las rejas de sus ventanas.

Entre tanto nos íbamos acercando á la catedral, y las campanas sonaban mas cerca. Yo no lo sé, pero me parece que este toque se dirige particularmente á mí. Tenia que rogar por mi padre y por mamaita. Entré en la iglesia. Era domingo, y la misa iba á concluir. Todo era resplandor allí dentro; elevadas pirámides de luces realzaban la magnificencia de los altares que deslumbraban con sus dorados, sus reliquias y sus candeleros de oro y de plata incrustados de todo género de pedrería. Toda la iglesia estaba sembrada de flores, cuyos perfumes se mezclaban al olor del incienso, y que unidos con la armonía suave del órgano producian una turbacion que se asemejaba á un vértigo. Se celebraba la fiesta de la Virgen, cuya imagen cuajada de brillantes resplandecia en el altar entre coronas de flores y tisues.[117]

Las señoras de la nobleza son las encargadas del cuidado particular de los Santos y de la Virgen. Cada iglesia tiene su patrona que dirige el servicio

---

112 Descripción de lo que José Lezama Lima llama «el barroco de Indias.»

113 Nótese el paralelo con la gran gira continental, cuyo objetivo era el recorrido por el tesoro artístico italiano tanto para el placer como para el conocimiento.

114 *Guacamayo:* «Del taíno *huacamayo.* Ave tropical, especie de papagayo, del tamaño de la gallina, con el pico blanco por encima, negro por debajo (…), el cuerpo rojo sanguíneo, el pecho variado de azul y verde, las plumas grandes exteriores de las alas muy azules, y la cola muy larga y roja,» de lujoso plumaje. *RAE.*

115 *Murillo:* Bartolomé Esteban Murillo (1618-1682), pintor sevillano del Siglo de Oro español, notado por sus cuadros religiosos.

116 *Rafael:* (1483-1520). Pintor renacentista italiano, conocido por sus bellas Madonnas.

117 «tisues:» Del francés «tissu,» tejido.

del santo que se venera en ella; en todas hay una hermandad compuesta de muchos miembros y empleados, y de un mayordomo encargado del patrimonio del Santo, que consiste en las considerables donaciones de las almas piadosas. La patrona es la que cuida de la administracion de los fondos, y la que tiene el cargo exclusivo de renovar los vestidos de la Virgen, cuyo guardaropa es suntuoso y variado, así como los ornamentos de su altar que consisten en alhajas y en mantos guarnecidos de pedrería. En los dias de fiesta es cuando se despliega todo el lujo del culto, y sino bastan las rentas del Santo, la patrona cubre los gastos, excediéndose siempre por devocion y por amor propio en el desempeño de su encargo. El dia del Santo la patrona convida mucha gente á los oficios, y al salir de la iglesia les dá un refresco magnífico en su casa. Hé aquí una anécdota que me parece que os agradará.

Mi tia la condesa viuda de Montalvo, patrona de la Virgen de las Mercedes, mi Santa, que es muy reverenciada aquí, habia enviado á pedir á Madrid para el dia de la Virgen, que cae á fin de setiembre, es decir, en pleno equinoccio, las telas mas ricas de plata y de oro. Dos meses hacia que las estaba aguardando; llegó la semana de la novena y no habian llegado. Mi tia estaba desesperada, y todo era desolacion en la familia. En fin, la víspera de la funcion apareció en la bahía un buque desmantelado, y este buque traía el tesoro apetecido. Creyéndose á punto de naufragar, la tripulacion habia arrojado al agua toda la carga para disminuir el lastre; pero no solo habia conservado el precioso depósito, sino que lo habia colocado en el puente con gran ceremonia, y hecho fervientes oraciones, arrodillándose ante la caja sagrada. El oportuno arribo del buque despues de tan gran peligro se cuenta entre los milagros auténticos de mi Santa.

La misa se habia concluido, y la gente salia de la iglesia. No sé si la oracion en comun es mas eficaz que la oracion individual; de mi sé decir que no rezo con fervor sino cuando estoy sola. Así, pues, dejé disiparse aquel raudal de gente, contemplando con placer á los blancos, los mulatos y los negros mezclados en el santuario del padre Coriun, y enorgulleciéndome por la humanidad de mis compatriotas al pensar en otras colonias en donde los negros tienen una iglesia especial, y como maldecida.[118] Entre nosotros las generaciones desaparecen ante la religion, y la casa de Dios es la casa de todos.

Concluida mi oracion iba á salir de la iglesia, cuando al pasar junto al altar mayor, me llamó la atencion una losa sepulcral. Me paré, y leí esta inscripcion.

> OH RESTOS É IMÁGEN DEL GRAN COLÓN!
> MIL SIGLOS DURAD, GUARDADAS EN LA URNA,
> EN LA REMEMBRANZA DE NUESTRA NACION.

En la losa está groseramente esculpida la efigie de un hombre, ó mas bien de un dios... ...

Salud, grande hombre, ilustre y desgraciado! Salud, oh Colón! Tú, cuya

---

118   Referencia a las colonias inglesas en el Caribe.

voluntad fué tan grande como tu fé, gran corazon, alta inteligencia, que supiste ensanchar los límites del mundo, luchando con todos los peligros y todas las injusticias!

Modesto en el triunfo, fuerte en la adversidad, blanco siempre de la envidia, Colón tuvo compasion de la debilidad humana, apenas se quejó de ella, y no procuró la venganza. El carácter de Colón es una hermosa creacion de Dios.

Pero al dotarle de aquel entendimiento sublime, de aquel rayo divino que debia guiarle en sus peligrosas empresas, quiso Dios someterle á las mas dolorosas pruebas para que no olvidase que era hombre.

Qué de páginas sublimes en su vida! Ahora en medio de la corte; rodeado del explendor del trono, sentado al lado del rey Fernando y de la reina Isabel, cuenta lo que ha visto, sin detenerse en lo que ha hecho. Ahora mandando como soberano en medio de sus conquistas, este hombre heróico inclina la cabeza al nombre del rey pronunciado por el traidor Bobadilla, y se deja cargar de cadenas.[119] Pero nunca pareció tan digno de admiracion como cuando le asaltó la tempestad al volver á España á dar cuenta de su primer descubrimiento. Los marineros invocaban á los santos, y parecia inevitable el naufragio. —Qué hacia Colón en presencia de la muerte?—Escribia con mano serena la narracion de su viaje; la encerraba cuidadosamente en una caja de hoja de lata, y despues de haber tomado todas las precauciones para preservar del agua aquel tesoro, lo entregaba á las olas del Atlántico en la esperanza de que alguna casualidad feliz hiciese tal vez al mundo una revelacion tan preciosa.

Colón murió en Valladolid entre los dolores del alma y del cuerpo, y sin haber podido legar su nombre al Nuevo Mundo. Sus restos enviados primero á Sevilla, y luego á Santo Domingo, fueron transportados á la Habana en 1796. Así despues de su muerte como durante su vida su destino fué correr el mundo.[120] La Habana sabrá conservar este noble depósito. Las cenizas de

---

119 Francisco de Bobadilla, miembro de la Orden de Calatrava, fue nombrado juez pesquidor de La Española (Santo Domingo) en mayo, 1499. La corona le encargó investigar el gobierno de Cristóbal Colón, a causa de la sublevación de Francisco Roldán. Bobadilla llegó a Santo Domingo a fines de julio, 1500, exigiéndole a Diego Colón, hermano del Almirante, la capitulación de la Fortaleza. Acto seguido encarceló a Cristóbal Colón, y deportó a los dos hermanos a España en octubre, 1500. Bobadilla se convirtió en gobernador de la isla, hasta que llegó su re-emplazo en julio, 1502. Frank Moya Pons, *The Christopher Columbus Encyclopedia*, vol. I, editado por Silvio A. Bedini (Nueva York: Simon y Schuster, 1992), p. 72.

120 Los restos del Almirante se han enterrado al menos cinco veces: primero en la iglesia parroquial de Santa María la Antigua en Valladolid (1506); segundo, se trasladaron al monasterio cartujo en Sevilla (1509). Conforme el último testamento de Diego Colón, se llevaron a la Española para que descansaran en la cripta construida por orden de Carlos V en la catedral (1541). Al pasar la isla a manos francesas, el sepulcro de Colón se removió y transladó a La Habana en un barco aptamente denominado el Descubridor (1795). Aunque hasta aquí llega la historia de la condesa, en 1877-1879 se debatió la autenticidad de los restos colocados en la catedral de Cuba. En 1898, el sarcófago del Almirante emprendió los mares, y regresó a Sevilla con pompa y circunstancia al año siguiente (1899). Helen Nader, ibidem, pp. 77-80.

Colón deben permanecer en esta tierra que él descubrió, y á la cual llevó los beneficios de la civilizacion. Es un acto de necesaria justicia y de solemne poesía! [121]

El destino de los hombres célebres no acaba con la muerte; en el fondo de su última morada es donde se completa el cuadro de su vida. La de Colón no terminó para los habaneros sino en 1796, porque entonces fueron su rehabilitacion y su recompensa. La roca de Santa Elena, tumba de Napoleon, no solamente ha venido á ser depositaria de su gloria y de sus desgracias, sino el simulacro visible y material de sus faltas y de su expiacion. Tocar á esta tumba ha sido una profanacion, el asesinato de una gloria; ha sido alterar el orden moral, y perturbar un gran destino. Cosa notable! El recuerdo de esta gloria tan grande, mientras su cuerpo reposaba como un gigante dormido en una roca salvaje, parece hoy sepultado en la bóveda prosáica que ocupa. Napoleon en Santa Elena pertenece al mundo; en los inválidos no pertenece mas que á la Francia.[122]

Mis labios besaron la modesta piedra que cubre los restos de Colón, casi olvidados de los habaneros mismos, é ignorados del mundo entero, y salí de la catedral haciendo votos porque el gobierno español consagre en fin á este grande hombre un monumento digno de su vida y de su muerte.

---

121 La evocación de Colón es una táctica de *autor*/izar su propio relato como escritora y (medio) extranjera. Al donarse a sí misma el gesto fundacional del Almirante, la condesa perpetúa la crónica de Indias y a la vez se coloca dentro de la tradición insular. Véase Roberto Ignacio Díaz, *Unhomely Rooms* (pp. 106-112), para un extenso comentario acerca de la apropiación colombina de la condesa.

122 *Napoleón I* (1769-1821). Proclamado Emperador de Francia en 1804, estableció el imperio francés desde el Atlántico hasta el Báltico. La invasión de Rusia en 1812 fue la operación militar más ambiciosa de su época. Abdicó en Fontainebleu en 1814. Tras la derrota de Waterloo, fue desterrado a la isla de Santa Elena, una isla rocosa en el Atlántico. Allí terminó sus días el 5 mayo 1821. Sus restos se trasladaron a Francia, y enterrados en la capilla de *les Invalides* en París el 15 de diciembre, 1840. Se construyó el impresionante sarcófago el 2 abril 1861. Alan Palmer, *An Encyclopedia of Napoleon's Europe* (Londres: Constable and Company, 1998), 200-203.

Carta VIII

Las dos veladas. – Mi pariente el observador. – El velorio.– El Zacateca. – Los calzones del muerto. – D. Saturio. – Velar el mondongo. – El lechon. – El matador.– El zapateado. – Costumbres del pueblo, y costumbres rusticas. – El desayuno en la finca.

Habana 18 de junio.

Seguidme, querida vizcondesa, vos cuya originalidad no ha perdido nada de su frescura y de su gracia en medio de las elegancias parisienses, y de las exigencias de la vida civilizada.[123] Venid á un lugar desconocido y singular á presenciar el espectáculo de unas costumbres que nunca han sido descritas, ni apenas observadas. No se han extinguido bastante nuestras ilusiones para que no se despierten de nuevo á vista de unos seres que conservan aun todo el encanto de la sociedad primitiva. En nuestra Europa todos los matices se confunden, y forman, por decirlo así, un crepúsculo indeterminado; aquí los colores son vivos y exactos, y las costumbres estan impregnadas de una gracia natural y espontánea que no puede ser mas extraña á nuestro modo habituado de vivir.

Acababa yo de escribir anoche una carta á uno de mis amigos describiéndole la manera como se comprende aquí en la Habana el gran problema de la muerte, cuando uno de mis parientes, hombre de edad avanzada, entró en mi cuarto, y quiso saber qué especie de apuntes enviaba yo á Europa desde la isla de Cuba. Tiene un talento claro y cultivado, y podría figurar muy bien en los salones de París y de Londres. Ha viajado mucho, y se complace hoy en recorrer las costas y los rincones de la isla, á fin de descubrir algunos detalles sobre las costumbres de sus habitantes, divirtiendo de este modo su curiosidad y su vejez.[124]

— Teneis razon , me dijo despues de haber leido mi carta al marqués de C.... . Aquí ni saben ni quieren morirse. La idea destruccion no se nos ocurre

---

123   Calcada en la Lettre XXII de *La Havane,* la carta va dirigida a la vizcondesa de Walsh.

124   A pesar de la ingeniosa técnica de poner en boca de un pariente el relato narrado a continuación, la condesa combina en esta carta dos cuadros costumbristas atribuidos a José Victoriano Betancourt: el anónimo «El velorio,» publicado en *La cartera cubana,* II (enero 1839), 47-51, y «Velar un mondongo,» también publicado en *La cartera cubana* (diciembre 1838), 363-368.   Bueno identifica al autor del segundo texto en «Una escritora habanera de expresión francesa,» *De Merlin a Carpentier* (La Habana: UNEAC Contemporáneos, 1977), 45-46.   Aunque resulte extraña la yuxtaposición de ambos relatos, quizás se deba al hecho de que provenían del mismo autor, lo que le daba coherencia a la carta, y al hecho de que ambos relatos juegan con las connotaciones del verbo «velar». Comparo el original de Betancourt y la versión de Merlin en *Gender and Nationalism in Colonial Cuba,* 111-119.

jamás; tal es la rapidez y variedad de nuestras impresiones. Sois mujer, y mujer de mundo; vuestros hábitos y vuestras ideas no os han permitido descender á ocuparos de las observaciones populares ó íntimas que bastan para caracterizar á una raza...... y sino, decidme, ¿sabeis lo que es un *velorio*? La velada de los muertos en la Habana?

—En verdad que debe ser una cosa muy divertida, le dije yo con ironía.

—Mucho mas que pensais; y cuando por fortuna me hallo en el campo, y puedo formar parte de las reuniones que velan el *mondongo,* me aprovecho con gusto de aquella circunstancia.

—Un *mondongo*! la velada de los muertos! Dos pasatiempos que creo desde luego muy poco agradables.

—Os engañais completamente. El nombre os repugna, y ved ahí en lo que consiste. Pero la poesía pastoral, la alegría campestre, la gracia é ingenuidad de las costumbres son el verdadero objeto de esta diversion, llamada por nuestra gente de campo *velar un mondongo*. En cuanto á la otra fúnebre ceremonia que llaman *velorio,* es indudable que proporciona en medio de su duelo tantos placeres; epigramas, amores, y aun matrimonios, como vuestros bailes y vuestras reuniones europeas. No solamente los amigos de un muerto, sino tambien las personas que sin haberlo conocido quieren hacerle este honor, se reunen alrededor del cadáver, y le velan durante la noche. Hay personas que no faltan por nada de este mundo á ningun velorio, entre otras aquel D. Saturio que os presenté el otro dia, aquel de los labios gruesos y los ojos fijos y apagados, de frente inclinada y boca dilatada por una risa eterna; caricatura verdadera de nuestra vida insustancial y voluptuosa. Pues bien, este personaje, á quien debo muchas consideraciones, vino antes de ayer á mi casa , y me dijo con la mayor inocencia :

—Uno de mis parientes ha muerto.

Despues bajando la voz, y con un tono entre alegre y misterioso, añadió:

—Se divertirá V. mucho. Hay personas de buen humor, y una cena magnífica.

Eran las nueve de la noche, me puse mi casaca de pésame, y me dirigí á la casa mortuoria. Apenas habia entrado en el patio cuando llegó á mis oidos una voz que sobresalia entre el bullicio de las conversaciones :

—¿Qué calzones ha de llevar el difunto?

—Todavía no lo sabemos, respondió desde el interior otra voz temblona.

—Los de cutí color de rosa, ó los de paño violeta?

Entonces atravesó el corredor una vieja, pasó por delante de mí, y levantó la cortina negra.

—Nada de calzones, exclamó, llevará un hábito de San Francisco.[125]

—Corriente, replicó desde el fondo del cuarto otra voz lúgubre y propia de las circunstancias, que contrastaba singularmente con el movimiento y la algazara que hacian en el patio.

---

125 Mercedes Merlin se aparta del original de Betancourt, donde con toque humorístico se afirma que no importaba que se le pusieran «calzones de dril o de paño», «porqué [el cadáver] llevaba el hábito franciscano;» Anónimo, «El velorio,» *La cartera cubana,* II (enero 1839), 48.

—Corriente, doña Bárbara.

Era la voz del *zacateca* (enterrador).

Al cabo de algunos minutos expusieron al muerto, y cada cual de los que allí estaban lo roció con agua bendita. Entonces abrí yo á mi vez la cortina negra.

Sobre unos cuantos escalones dispuestos en forma de altar que se elevaban á la altura de unos doce pies, se veía el cadáver lívido y rodeado de cirios, cuya luz roja reflejaba tristemente sobre los pliegues azules del hábito de San Francisco. Era un espectáculo terrible. La *tumba* ó féretro estaba aislada; la cara del muerto descubierta; sus ójos cerrados con cera caliente dejaban aun distinguir alrededor de sus párpados algunos glóbulos blancos que parecian lágrimas fijas, y sobre el cuerpo tieso é inmóvil se extendia una claridad tétrica y vacilante..... Habian abierto las puertas, y se permitia la entrada á todo el mundo, lo cual era lo mismo que llamar los intereses y las pasiones de los vivos al gran juicio de los muertos.

Mi turno llegó. La claridad de la luna, tan viva y resplandeciente como la luz de la alborada en Francia ó en Inglaterra, entraba por las ventanas abiertas, y caía sobre las gradas entapizadas de negro de la pirámide mortuoria, y mezclándose á la que despedian los cirios, parecia reanimar la figura del muerto.

Este melancólico espectáculo no era muy del gusto del doctor D. Saturio que me acompañaba: creyóse, pues, en el deber de llevarme hacia otro lado bajo pretexto de presentarme á la viuda y á los parientes, que ocupaban una casa inmediata.

Nada mas triste en verdad que la situacion de aquella pobre mujer obligada á reprimir su dolor, y á mantenerse inmóvil en medio de aquel círculo de personas que cuchicheaban y hablaban en voz baja de las novedades del dia y de asuntos domésticos. Todos los presentes se volvian de cuando en cuando hácia la viuda, haciendo dar á su fisonomía una seriedad propia de las circunstancias; pero dejando ver entre los gestos de la tristeza las recientes señales de la alegría. Felizmente para ella las visitas se renovaban constantemente, y no estaba obligada á hablar con nadie. Un niño sentado sobre las rodillas de su madre exclamaba al distinguir la tumba á través de la puerta: «mamá, por qué está papá allí? por qué está tan bien vestido? dile que quiero darle un beso.»

Ya comprenderéis que estas inocentes palabras disgustaron bien pronto á D. Saturio. Sacó un cigarro de su bolsillo, lo acercó á la luz, y se apresuró á decirme:

— Quedaos aquí, yo voy á la cocina á tomar una taza de café.

Por mi parte me desprendí bien pronto de la etiqueta que me habia impuesto, y tomé parte en aquellas conversaciones tan desagradables para los afligidos, y tan fastidiosas para los indiferentes; dejé á la viuda, y me fuí á otra sala.

Allí se me ofreció el espectáculo menos análogo á la tristeza y al silencio de las ceremonias mortuorias. Cerca de cuarenta personas de ambos sexos formaban allí grupos animados; los mas jóvenes jugaban juegos de prendas; otros hablaban en voz alta, y alternaban la conversacion con grandes carcajadas; otros rodeaban á una vieja que era justamente la que habia decidido sobre la mortaja del muerto, y que contaba con una prolijidad escrupulosa su juventud, sus virtudes, su riqueza, y todas las particularidades de la enfermedad que padeció.

Un personaje habia que bullia y triunfaba mas que todos juntos en medio de aquella concurrencia; era el doctor D. Saturio. Parecia que se multiplicaba; tomaba parte en los juegos de prendas; traia chocolate á esta, confites á la otra, vino moscatel á la vieja; charlaba, reía, fumaba, hacia por la vida, mostraba en fin una alegría tan contagiosa, que traia alborotada la sala. Me daba envidia de ver aquel buen hombre, bufon habitual de los velorios, carácter original que solo la Habana puede poseer, mostrarse tan alegre entre las imágenes y el aparato de la muerte. [126]

Salí un momento á tomar el fresco, y al atravesar un corredor vinieron á herir mi oido voces suaves que hablaban bajo. No lejos de la sala donde yacia el muerto estaban hablando dos muchachas, apoyada la una sobre el hombro de la otra. De qué, vais á oirlo. —¿Lo viste, Pepilla, como lo miró? Ya lo ví, ya.— Y con qué furia rompió el abanico cuando lo condenaron á darme un beso... Y él qué colorado se puso.— Oh deliciosas ilusiones de la vida! estuve yo para exclamar; poderosos encantos dé la juventud; ardor de las pasiones creadoras, cómo ocultais á los ojos de las criollas el horror de la muerte!

En esto estaba yo pensando, cuando volví la cabeza, y ví al doctor Saturio en el cuarto del difunto encendiendo un cigarro en uno de los cirios de la *tumba*. El ruido de las carcajadas y de las conversaciones sé fué aumentando de momento en momento; y á eso de las doce de la noche la algazara general, las carreras de los que atravesaban los corredores, las voces vibrantes de las muchachas, el acento chillon y cascado de las viejas, las voces resonantes de los hombres, el roce de los vestidos y el trasiego de las sillas, formaban un concierto que hubiera debido resucitar al muerto. Pero el muerto se estuvo quieto, y los vivos se fueron á cenar.

Gran momento debió ser aquel para D. Saturio, dije yo á mi primo. — Efectivamente lo fué, continuó éste; tendida la servilleta de un hombro á otro, con un tenedor en la mano derecha, y blandiendo un cuchillo con la izquierda, despues de haberse dado prisa á destrozar un jamon, decia sus gracias entre bocado y bocado, y hacia desaparecer lo mejor de cuanto allí habia en las profundidades del estómago. Así era como este amigo de los muertos continuaba con gran éxito su reinado nocturno.

La monotona voz del *sereno* venia á mezclarse de cuando en cuando á esta algazara infernal, á esta desatentada orgía, al fin de la cual D. Saturio, ba-

---

126   Merlin sustituye al «Picúo» de Betancourt por este estrambótico personaje.

lanceándose entre los vapores del vino, fué á embutirse en una butaca que habia en medio del patio, y se quedó profundamente dormido.

Hé aquí, querida amiga, lo que se llama una *velada de muerto* en nuestro pais. Es una particularidad de nuestras costumbres de la clase media, que no se debe mirar ciertamente como regla general, y que nada tiene que ver con las clases aristocráticas; pero estad segura de que nada os hé exagerado, antes he debilitado el cuadro real y positivo de esta fiesta fúnebre.[127]

— ¿Y cómo terminó?

— A expensas del pobre D. Saturio. Los jóvenes que estaban fumando en el patio no tardaron en fijar la atencion en él. Estaban muy alegres con las cenas y con los amores. Válgame Dios! exclamó uno al ver á D. Saturio dormido con la boca abierta; qué bien está para pintado !

Al instante trajeron un carbon, y la víctima se encontró á los pocos minutos con unas patillas y unos vigotes soberbios, que hasta entonces no habian adornado su rostro.

Allí fueron los gritos y la algazara. Una muchacha fué á buscar un espejo al cuarto del difunto, y se lo puso delante á don Saturio, el cual se despertó sobresaltado, y viéndose tan horrible, echó á huir entre los silbidos de la concurrencia.

Así acabó la fiesta. La claridad del dia empezaba ya á confundirse con los rayos de la luna, y yo me vine dejando á aquella gente fumando, conversando y enamorándose en el patio. Con que qué os parece el *velorio?*

La gran etiqueta española en la sala del muerto; la indiferencia criolla en las demas habitaciones de la casa; un aturdimiento salvaje, unido al recuerdo de una civilizacion pomposamente religiosa, ¿no es este un conjunto único, compuesto de inesperados contrastes? Y ¿no sería un gran asunto para un cuadro especial de costumbres?[128]

— Seguramente, le dije yo á mi primo; los pintores de costumbres de la clase media, Dikens,[129] Teniers[130] ó Lesage, sacarian mucho partido de nuestro velorio.[131] Vuestra narracion me ha interesado tanto, que ya tengo curiosidad de saber lo que es *velar un mondongo.*[132]

---

127 Al «meta-ficcionalizar» el relato y convertir a su pariente en narrador, la condesa suprime la deuda con los costumbristas, que, según declara en la *Correspondencia íntima*, no pudo aclarar, a pesar de numerosos intentos, debido a un fallo de su editor, Philarète Chasles (183). Citado en Bueno ([1977],45).

128 Al resaltar la distancia entre criollos y españoles, la condesa altera la moraleja filosófica de «El velorio,» apuntando a un naciente sentimiento nacional y utilizando este pretexto para justificar nuevamente su labor como escritora.

129 *Dikens.* Charles Dickens (1812-1870), escritor británico, considerado el novelista más importante de la era victoriana, autor de *David Copperfield* (1850) y otras novelas que dibujaron la sociedad inglesa de la época. *Encyclopædia Britannica.* 2008. 30 Sep. 2008.

130 *Teniers:* David Tenier, el menor (1610-1690). Pintor flamenco del periodo barroco, conocido por sus cuadros de vida campestre, utilizados en diseños de tapiz. *Encyclopædia Britannica.* 2008. 30 Sep. 2008.

131 *Lesage:* Alain-René Lesage (1668-1747), dramaturgo satírico francés, autor de *Gil Blas,* obra que fundó el género de la novela picaresca. *Encyclopædia Britannica.* 30 Sep. 2008.

132 Merlin suprime la introducción a «Velar el mondongo,» en donde Betancourt ofrece una poética de la literatura costumbrista, al declarar que el objetivo principal del género era retratar la ética colectiva.

— Oh! eso es otra cosa. En vano buscaríais en el interior de nuestras ciudades señales de esta costumbre; pertenece enteramente á la clase rústica, que repite esta diversion astronómica en Navidad, en Pascua de Pentecostes, en Pascua de Reyes, y los dias de sus santos.[133]

Para velar un mondongo se reunen á orillas de un río ó de un arroyo hombres y mujeres, jóvenes y viejos, los hombres con sus pantalones de lienzo, con sus zapatos de piel de gamo y sus sombreros de jarey de ala muy ancha;[134] las mujeres vestidas de muselina blanca y con zapatos de seda. El matador con las mangas de la camisa arremangadas hasta el hombro, representa el papel principal en esta escena extravagante, que empieza al caer de la tarde, puesto que se trata de matar una víctima, un becerro ó un lechon, que han de servir al banquete homérico de aquellas gentes.

Apenas el matador ha metido el cuchillo en el cuello del becerro ó del lechon, cuando una muchacha, con su cigarro en la boca, cigarro que ha plantado, recogido y hecho ella misma, se acerca al animal, recoje en una olla la sangre, y se pone á darle vueltas, y á formar lo que se llama aquí *sangre quemada*. Ya veis que no es este un principio muy elegiaco para un idilio, y aun me guardaré bien de describiros punto por punto algunos preparativos culinarios que os darían asco; la sangre corriendo por tierra; las entrañas circulando de mano en mano; el *guaticero* (muchacho del cortijo) pinchando el brazo de su querida para encarecerle su amor, y cien otras extravagancias.[135] Mientras que hombres y mujeres asisten á la fiesta, los patriarcas de la tribu sentados en el suelo y mas dichosos que reyes, juegan al burro ó al tutiflor en la casa vecina, cuyo perro, tornando parte en la alegría general, anda acechando el momento de hincar el diente en alguna presa, lo cual forma tambien parte de la diversion.

Una negrita comienza luego á repartir tazas de café endulzadas con raspadura (azúcar negra).[136] Con esto acabó la loa gastronómica, y empezó la fiesta poética. El mondongo no es mas que un pretexto; el verdadero objeto son el baile, la música, el amor y la libertad.

A eso de las nueve se presentó un nuevo personaje. Ola! dijo una guagirita; ya oigo la voz de No (1) Pepe el Mocho. La guagirita apenas tendría doce años, ó como se dice poéticamente en el pais, no habia visto brotar doce

---

133 Si bien el autor original demuestra que las costumbres del campo se trasladan a la ciudad, Merlin argumenta todo lo contrario, limitando el ritual únicamente a las zonas rurales. De esta manera, subvierte el objetivo pedagógico del género.

134 «sombrero de jarey:» sombrero de jipijapa, de ala ancha, tejido con paja muy fina. RAE.

135 El relato comienza *in medias res,* sin transición alguna; la autora traslada los localismos utilizados por Betancourt—sustituye «*guaticero*» por «*guatíbere*»—para otorgarle mayor autenticidad a su relato. La asociación entre el extraño velorio y la fiesta criolla del lechón asado no deja de tener un efecto grotesco. Con este gesto de apropiación, la condesa anhelaba insertarse como escritora dentro de la tradición nacional.

136 Ya que el original pinta a una «criada de mano,» ¿por qué la habrá transformado la autora en una «negrita"? Quizás para exotizar más el relato, como argumenta Díaz, y también para ponerle un toque de autenticidad. En la próxima escena, la edad de la «guajirita» se dobla, de seis añitos a doce.

(1) *No*, diminutivo de señor. [Ño, nota de la editora].

veces el cocotero plantado por su padre el dia de su nacimiento. En efecto, era Pepe el poeta.

— Buenas noches, caballeros, dijo al entrar. Vuestro mondongo despide un olor famoso.

—Buenas noches, buenas noches, le respondieron veinte voces á la vez. Y tu tiple y guitarra?

—Aquí lo traigo; no vengo desprevenido.

Pero á propósito, Mercedes, ¿sabes lo que es un guagiro?

—Sí lo sé, respondí yo.

Pues bien: Pepe el Atocho es la perla de los guagiros. Rico como un Creso,[137] trovador inagotable, recoje su cosecha de maiz dos ó tres veces al año, y pasa lo demas del tiempo recorriendo el pais con su instrumento en la mano para cantar sus décimas, que desea oir todo el mundo; compone décimas para los celos, décimas para el amor dichoso, décimas para la venganza y para la pasion, y se las canta y se las enseña á las muchachas, segun el estado de sus corazones. Hombre extremadamente útil, se le hacen todos los encargos del pais, y los desempeña á las mil maravillas. Su traje es la camisa por encima del pantalon, unos anteojos y su guitarra colgada del hombro. *No Pepe* es un hombre tan importante en el pais como los mas hermosos *leones* en vuestros salones de París ó de Londres.[138]

Vamos á ver, preguntó él, ¿quién toma el tiple?

Venga, respondió D. Silvestre, hombre chiquitillo y tan alegre como mal formado, que rasgando con las uñas las cuerdas metálicas, acompañó las coplas de *No Pepe,* mientras se preparaba el mondongo, y mientras el lechon atravesado en una vara de *yaya* (madera de hierro), y puesto en movimiento por un negrito, daba vueltas con magestad delante de la lumbre, y proyectaba sobre los espectadores una sombra que abria el apetito.

En esto entramos en la casa, y comenzó el famoso *zapateado.*[139] La sala está rodeada de taburetes con asientos de cuero; unos se sentaron en ellos, los demás en el suelo, y todos saboreaban con inmenso placer las impresiones del baile, certamen encantador y característico entre los zapateadores.

No os lo pintaré yo;[140] ya vos habeis visto el paso menudo é infantil de este baile, que expresa de una manera admirable la agilidad, la vivacidad, la naturalidad de los bailarines. El mas ligero quita el sitio á su rival y le sucede en él, resbalando ligeramente sus pies hácia atrás y hácia adelante, y meneándose con una ligereza que aturde. Alguna de las muchachas le tira su pañuelo bordado y perfumado, con las iniciales en un pico y con cien festones emblemáticos al rededor; y agarrando á su vez con la punta de los dedos la

---

137   *Creso:* Alusión a Creso, rey de Lidia, célebre por sus riquezas; por tanto, hombre que posee grandes riquezas.

138   Los *dandies* del país, tema abarcado en su futura *Les lionnes de Paris* (París: Librairie d'Amyot, 1845).

139   Otra interesante transmutación: el baile se conoce como «el zapateo »; Betancourt, «Velar el mondongo,» *La cartera cubana* (diciembre 1838), 367.

140   Quizás sea una forma de admitir la deuda contraída con Betancourt. Aunque fiel al original, la descripción que sigue carece de la gracia y viveza con que Betancourt retrata la danza típica del campo cubano.

falda de su vestido de muselina, sigue, huye y vuelve á seguir sucesivamente al *hombre,* clavando en él sus ojos negros, deslizándose de entre sus manos con su cintura delgada y ligera, provocándole y burlándole con una encantadora coquetería. Y vuelve á acercársele, y vuelve á escaparse con una vivacidad camastrona, agitándose en las mil vueltas de su baile característico, como el pez en el agua, á la derecha, á la izquierda y á todos lados, hasta que se cansa y se sienta.

Lo que mas me encanta, mi querida Mercedes, cuando me hallo en alguna de estas diversiones populares, es ver el carácter poético que van poco á poco tomando hasta borrar insensiblemente la parte vulgar y grotesca de la fiesta.[141] Henos aquí entre los sonidos de la guitarra, los pañuelos bordados y la danza lánguida é inspiradora. Todas las ideas gastronómicas han desaparecido; el roce de los zapatos contra el suelo se va haciendo mas vivo y mas confirmado; los zapateadores se van animando por grados, y el baile acaba por tomar un carácter de vivacidad frenética. ¿Por ventura ha habido algun rival que haya tirado su pañuelo á los pies de un hábil zapateador para que lo pise y tropiece? Al instante se deshace éste de aquel obstáculo, y continúa su baile en medio de generales aplausos.

Así se pasa la noche, hasta que la voz varonil de algun guagiro anuncia la claridad del dia, y saluda al astro de la mañana con esta exclamacion: *ahí viene el boyero!* En efecto, su observación astronómica no tarda en confirmarse: una porcion de nubecillas de todos colores empiezan á flotar sobre el azul del cielo, y el labrador sale al campo guiando con lento paso sus bueyes. El muletero se pone en camino cantando al monotono son de las campanillas de sus mulas, y el techo de *guaño,*[142] que dá á los paisajes un aspecto tan característico, comienza á brillar con una luz dorada. Apenas sale el sol, la gente se pone en camino, y va á tomarle á alguna *finca* (alquería) cercana, entrándose por sendas estrechas y tortuosas, que se pierden entre los maizales, y llegan cubiertos de rocío á casa del dueño de la *finca,* que á veces no tiene mas que cinco á seis taburetes que ofrecerles. Pero para eso está el suelo; los unos se tienden en él cuan largos son, los otros se recuestan apoyando la cabeza contra las ceibas que cercan el *bateis* [(1)],[143] y todos fuman y saborean su café.

Algunos se pasean con sus queridas por los montes y por los valles hasta que el ardor del sol los obliga á buscar techado. Los jóvenes vuelven entonces con grandes puchas (ramilletes de flores) en sus sombreros, y las muchachas con la cabeza, el pecho, y la cintura cubierta de flores.

---

(1)   Especie de esplanada delante de una casa de campo. *(N. del A.)*

141   Merlin le da otra vuelta de tuerca al propósito edificante que Betancourt otorgaba al cuadro de costumbres: a manera de la transición entre «lo crudo» y «lo cocido,» la condesa marca la pauta entre «la barbarie» y «la civilización,» reproduciendo la famosa dicotomía de Sarmiento en *Facundo.*

142   *Guaño: Guano.* «Hojas secas o pencas de las palmas.» *RAE.*

143   *Batey:* zona circundante a un ingenio azucarero, que incluye los barracones de esclavos, la vivienda del mayoral, la iglesia del ingenio, y la zona de cultivo. El batey es lo que convierte al ingenio en factoría o unidad socio-económica de producción, como indica el historiador Manuel Moreno Fraginals en su monumental *El ingenio—Complejo económico y social del azúcar* (La Habana: Editorial de Ciencias Sociales, 1978).

Vuelven por fin á casa, y se sientan á la ancha mesa de yaya, donde está ya la apetitosa cazuela coronada de un vapor odorífero, y acompañada, por una parte del lechon que enseña sus dientes á sus verdugos, y por otra de un monton de bananas fritas puestas en una batea (plato de madera). Vénse allí una porcion de tortas de cazabe, indispensable acompañamiento del lechon. Al punto empiezan á caer las cucharas sobre la cazuela, que en menos de un instante queda limpia como si la acabasen de fregar, y el lechon, las bananas, las tortas, todo desaparece en un momento.

El humo de los cigarros cubre el campo de batalla, que no ofrece ya mas que despojo; y de la velada del mondongo, como de la velada del muerto, no queda mas, mi querida Mercedes, que nuevos gérmenes de vida, agradables recuerdos, ilusiones nuevas, matrimonios y amores.[144]

---

144 Final que rescata el exceso y el *carpe diem,* en contraste con la conclusión anti-climáctica de Betancourt, para quien «la diversión» es «demasiado sucia,» ya que considera «muy prosaico ver una jóven, linda y fresca como madrugada de Mayo, en vez de exhalar los perfumes de la rosa despedir los edores del mondongo.» «Velar un mondongo,» *La cartera cubana* (diciembre 1838), 368.

CARTA IX

Costumbres intimas. - Las Pascuas.

Estábamos en el distrito de San Marcos, el jardin mágico de nuestra isla, y era durante las fiestas de Pascuas, cuando todo el mundo va allí á disfrutar juntos los placeres del campo y los de la ciudad.[145] El paseo es á las doce. Los quitrines y los caballos se deslizan al través de las soberbias columnas de palmeras, ruedan sobre la arena roja y sembrada de azahar; corren por aquéllos laberintos de vegetacion colosal y de plantas parásitas, cuya asombrosa riqueza se presenta bajo todas las formas y bajo todos los colores. Nuestras jóvenes se hacen traer ya el *mamey*,[146] ya el *caimito*[147] ó ya el *zapetillo*[148], pues todo abunda aquí en frutos y flores á la vez, y los árboles estan tan cargados, que se doblan bajo el peso de su opulencia. En medio de las rosas y de los caprichos de un apetito satisfecho, suele antojársele á alguna de ellas coger por sí misma desde su volanta la fruta ó la flor que cuelga sobre su cabeza, y al tiempo de irla á pillar, se encuentra enredada en las flores y las lianas que se balancean en el aire. Pero ya van entrando y reuniéndose todas en casa de uno de los propietarios de cafeterías, los cuales todos, durante las Pascuas, tienen obligacion de festejar á todo el que llega.[149]

---

145   Esta carta se basa literalmente en *Una Pascua en San Marcos* de Ramón de Palma, publicada en *El Album* en 1838. El nombre de la protagonista se ha cambiado de Aurora a Conchita, el Claudio de Meneses del original es aquí Claudio de Pinto. Lo mismo ocurre con los personajes secundarios: la pareja de Rosa y el capitán Irum se convierte en Carmen y el capitán Marena; Valentín, el ayudante de los amoríos del pérfido Claudio, aparece como Manolo. La historia toma lugar en el cafetal de D. Tadeo Nuñez, avatar del original de Palma, Tadeo Amirola.

146   *Mamey:* Voz taína, fruto del árbol de mamey. El mamey emblematiza el sabor de la isla con su forma ovoide, de 15 a 20 cm, cáscara áspera, pulpa roja, dulcísima al paladar. La semilla lisa de 4 a 5 cm de longitud es color de chocolate por fuera y blanca en lo interior. *RAE.*

147   *Caimito:* Voz arahuaca. Fruto del árbol del caimito, redondo, del tamaño de una naranja, de pulpa azucarada. *RAE.*

148   *Zapetillo: Zapotillo:* Voz nahuátl. Fruto del zapote chico, árbol americano de gronco grueso y recto y copa piramidal. El fruto, de unos 7 cm de diámetro, tiene la corteza parda y la pulpa rojiza, muy suave y azucarada, y semillas negras y lustrosas, con almendra blanca y amarga. La planta destila un jugo lechoso. *RAE.*

149   Toma lugar durante las Pascuas de 1818 en la región de Artemisa.

La comida es suntuosa. La cocina criolla y la cocina francesa rivalizan á cada paso; los platos son á cual mas delicado, y la comida se sirve bajo una tienda en medio del jardin. Al tiempo de levantar el segundo servicio todos dejan la mesa; los habaneros no asisten nunca á este revoltoso cambio de decoracion. Un paseo de algunos minutos, sea en el jardin, en el campo, en la sala, basta para trocar el servicio anterior en mil maravillas de cristales y de porcelanas, en canastillas de frutas, y bandejas de dulces variados hasta lo infinito; y para coronar tantas golosinas se cubren de flores la mesa, el mantel, los platos, y hasta los pies de los vasos: las flores abundan por todas partes allí. No podeis figuraros el efecto de esta metamorfosis mágica, de estos perfumes embriagodores[150] que exhalan las frutas mezcladas con el aroma de las flores. Tienen algo de refinado y estan muy en armonía con la vida sensual de este pais; esta elegancia, esta frescura que sucede inmediatamente al vapor de los vinos, y al olor nauseabundo de los platos. Acabada la comida se reunen en la sala para bailar. Allí todo es sencillez: una sala espaciosa, como todas las de este pais, con sillas de tafilete ó de paja muy fina, y galerías espaciosas alumbradas por bugías de cera cubiertas de fanales de cristal.[151] En cuanto á lo demás, nada de dorados, nada de cortinas, nada de sillones de lujo; inmensas puertas, inmensas ventanas abiertas que caen á gran corredor que os envia hasta la sala la frescura del agua de su fuente, y las tibias emanaciones de los cestos de flores de que esta está adornada; jóvenes vestidas con la mayor elegancia, y muchachas con trage blanco y coronas de flores. Tal es el aspecto de nuestros bailes de campo. Apenas empieza á sonar la orquesta compuesta de negros libres que forman tambien su prurito en aparecer fashionables,[152] y llevan guantes amarillos, los bailarines y las bailarinas se apresuran á ponerse en dos filas, y comienza la contradanza habanera con su indolente gracia y sus voluptuosos movimientos.[153] La concurrencia era muy grande en aquella tarde, y las muchachas, cansadas de tanto bailar, tomaban de cuando en cuando algun descanso. Entonces callaba la orquesta, y los aficionados á la conversacion se aprovechaban de este silencio para formar uno de esos diapasones agudos de voces humanas propios de los paises meridionales. Los jóvenes se acercaban entre tanto á la mesa del monte, y jugaban algunas onzas.

Los grandes señores, los propietarios opulentos corrian á poner á una carta sus rentas de un año, la gente del campo el producto de sus labores, y los que por timidez vacilaban en acercarse á la mesa, se veian bien pronto arrastrados á ella por ejemplo de sus mujeres que, como todas las mujeres del mundo

150 *Embriagodores*: Embriagadores.

151 La descripción resalta la sobria elegancia de la casa criolla, tal como se ve en *The Houses of Old Cuba* de Lillian Llanes (Nueva York: Thames & Hudson, 1999). Igual que su antepasada, María Luisa Lobo Montalvo recrea el ambiente de la época en su libro, *La Habana-historia y arquitectura de una ciudad romántica,* colaboración de Zoila Lapique y Alicia García Santana (Nueva York: Monacelli Press, 2000).

152 «*fashionables:*» a la moda, de buen gusto, elegante.

153 Anticipa la famosa escena en *Cecilia Valdés* de Cirilo Villaverde, que recrea el baile, esta vez entre criollos y mulatas.

cuando se entregan á un vicio, son mas resueltas que los hombres mas resueltos al juego.[154]

De cuando en cuando se veia una gran señora deslizarse por entre los jugadores, y poner en su mano delicada montones de oro que excedian á todas las puestas; pero el jugador mas notable de todos era el caballero de industria; para él todo era ganancia. Solamente algunos jóvenes, sacrificando una pasion á otra, entregaban su dinero á un amigo para que tentase la suerte por los dos, mientras que ellos se quedaban en la sala ocupados con algun proyecto amoroso que no debia pasar de las Pascuas.

De este número era D. Claudio de Pinto, cuyos amores no eran un misterio. Hijo de un rico banquero, la muerte de su padre le habia hecho dueño de una fortuna considerable. Apenas salido de la adolescencia, la belleza de sus facciones, la mirada fiera y tranquila de sus ojos negros y á la flor de la cara, la delicadeza y la energía que se adivinaban á la vez en los contornos de su talle delicado, unas manos admirables, todas estas ventajas exteriores le habian proporcionado aventuras increibles con las mujeres. Pero un observador atento no tardaba en descubrir al través de la belleza de sus rasgos un alma inquieta y estragada.

Las primeras impresiones de Claudio se habian desenvuelto bajo el prisma de la opulencia. Siempre rodeado de esclavos que obedecian sus menores caprichos, sus padres se habian dejado dominar por el temor de contrariarlo, y veian una enfermedad, un acto de desesperacion en el niño al menor disgusto que le diesen.[155]

Esta debilidad de que él sabia muy bien sacar partido para entregarse á sus caprichos y voluntariedades, le hicieron incapaz de aprovechar los estudios que despues se le dieron. Desaplicado, orgulloso de su fortuna, vano con su belleza, y egoista como un niño mimado, no habia traido de Europa, donde se habia educado desde la edad de diez años, ningun conocimiento útil á su pais, ninguna instruccion aplicable á su vida futura de hombre; pero en cambio habia aprendido todos los vicios de que el hombre se rodea en su corrupcion para reanimar los gozes descoloridos de su vida.

La jóven á quien obsequiaba Claudio habia apenas salido de la infancia, y era todavía la obra purísima de la naturaleza. Sin compostura ni artificio, su candor era igual á su inocencia; pero estas cualidades participaban en ella de las inclinaciones tiernas y apasionadas de un alma criolla. Una educacion sencilla y limitada, aunque buena, la habia dejado sin defensa contra la astucia y la mentira, y su alma cándida no tenia para defenderse otras armas

---

154   Se critica el relajamiento de las costumbres morales mostrado en la propensidad hacia el juego, las «vacas» que eufemísticamente pierden los personajes masculinos del relato. Nótese la crítica al vicio del juego en las mujeres.

155   Al exponer la amoralidad de sus herederos, la novela de Palma lanzó un llamado de alerta a los criollos ilustrados relativo a la laxa educación de los hijos. Este segmento muestra el deterioro de los hijos de la sacarocracia como consecuencia de la esclavitud. *Una Pascua en San Marcos* se consideró asimismo máxima expresión del realismo, estilo al que aspiraba el grupo delmontino.

que el atractivo del bien, el temor vago del mal, y el candor instintivo que la naturaleza ha puesto en el corazon de la mujer. Sus padres, personas tan ignorantes como buenas, no salian nunca de su casa de campo sino una vez al año para ir á las pascuas de San Marcos; la madre doña Catalina Ovando para ver bailar á su hija; el padre D. Antonio Pacheco para jugar al monte con los grandes señores.[156]

—Me quedo con tu guante, le decia Claudio á Conchita, en el intervalo de dos bailes.

—Y qué vas á hacer con él? no ves que al salir se me pondrá la mano fria como un hielo.

—¿Qué dices, China [(1)] mia? Ven acá, pon la mano sobre mi corazon, y verás como se calienta de manera que no tengas necesidad de guantes en toda tu vida.

—Con que tanto me amas, Claudio?

—Y me lo preguntas, Conchita?

—En verdad que no debo preguntártelo, porque......qué me has de responder?

—La verdad; que me muero pór tí.

—Eso mismo le habrás dicho á tantas otras... toma, Claudio, si me engañas, te arrepentirás.

—Qué! tienes celos?

—Y qué! ¿crees tú que puedo yo vér con indiferencia tus obsequios á Carmen Marena? Ayer estuviste todo el dia con ella. Ayer estuviste todo el dia á su lado haciéndole la corte que me daba una gana de llorar.....Yo no quería decírtelo; pero ya que tú me has sacado la conversacion, sábelo: á mí no me gusta eso, lo oyes?

Claudio, que hasta entonces habia tenido la cabeza inclinada, y casi junto á la jóven, se enderezó en su silla, y se puso á talarear[157] una contradanza, mientras que sus manos jugaban con el guante. La niña, haciendo á su vez una mueca graciosa, volvió la cabeza á otro lado, y permanecieron algunos instantes en silencio, hasta que cambiando ella de actitud con la prontitud de un niño, se volvió á su amante y le dijo:

—Dame mi guante, Claudio.

El joven le volvio el guante sin responderle ni mirarla; pero ella lo rechazó de si con un movimiento de colera, diciendo:

—No lo quiero, tíralo.

Claudio abrió la mano sin cambiar de actitud, y el guante cayó al suelo; pero fuese credulidad ó fuese niñería, Conchita en lugar de irritarse, le dijo á su amante reprimiendo una carcajada y afectando severidad.

—Claudio, levanta ese guante y bésalo, sino eres un ingrato.

---

156 La misma crítica se dirige a la educación de las hijas, que carecen de todo conocimiento formal y de mundo. La condesa altera los apellidos de la pareja: Don Antonio Paciego es Antonio Pacheco, la madre Catalina Ovando se mantiene entre sombras.

(1)   - Palabra de cariño. (N. del A.)
157 *Talarear:* Tararear.

El taimado galan, viendo la ocasion propicia, cogió el guante, y fijando una mirada apasionada en la pobrecilla niña, lo llevó á su boca, y lo apretó contra sus labios.

—Oh! Conchita, dijo. Si el guante fuese tu boca, no cambiaría mi dicha por la de los ángeles!

Las fibras de la jóven se estremecieron con una emocion deliciosa; su cuerpo se inclinó temblando sobre el brazo de su amante que estaba apoyado en la misma silla; su corazon latia con fuerza; todo era temor y delicia en ella....... Claudio acercó su cabeza á la de Conchita, poniendo ligeramente sus labios en su garganta, y pronunció en voz baja algunas palabras que pusieron encarnada á la muchacha, la cual, bajando la cabeza, repitió muchas veces no, no.

Claudio insistió con señales evidentes de impaciencia y de arrebato que la espantaron sin duda á ella, porque volvió á exclamar:

—No, no, amor mio.

—Bien, quedo consentido en ello; respondió Claudio levantándose antes que ella se retractase.

En aquel momento llegó un jóven de cabellos crespos, y de cejas espesas y negras, cuyo rostro, enrojecido por el sol, no carecia de expresion.

—Sabes que hemos perdido nuestra vaca? le dijo á Claudio.

—Paciencia, querido.

—A lo menos si eres desgraciado al juego, no lo eres en el amor, ¿qué decís de esto, señorita?

La muchacha se puso encarnada, y con un tono entre turbado é infantil, le respondió:

—Vais á empezar ya con vuestras gracias?—¿y de cuánto era la vaca?

—De nada mas que de veinte onzas.

—Manolito, una palabra, dijo Claudio, y llevándose consigo á su amigo, se pusieron á hablar á un extremo de la sala.

—Nuestro héroe tenia uno de esos caracteres comunicativos que prefieren el placer de contar sus buenas aventuras al placer de gozar de ellas, y al instante dió parte á su amigo de la conversacion que acababa de tener con Conchita, y del plan que iba á poner en práctica para abusar de su inocencia.

—Y crees tú que ella será bastante tonta ó bastante confiada para fiarse de tí?

—Eres un imbécil, camarada.

—Es posible, pero me cuesta trabajo creer que ninguna mujer se preste á ser víctima de tu astucia.

—Parece que no sabes que la muchacha se ha criado en el campo; que no ha visto el mundo sino en las pascuas de San Marcos, y que cree que me voy á casar con ella. Ademas soy perfectamente recibido en la casa; ven en mí un pretendiente, y por consiguiente me adulan; en fin, los padres me han obligado á aceptar su hospitalidad estas pascuas, y vivo en su propio cafetal. Es verdad que me vigilan terriblemente; pero para el amor y el diablo no hay cerraduras.

—Pues harás muy mal si la pierdes, porque es cándida y bonita como una estrella. Aun creo que voy estando un poco enamorado...

—Pues á ella, amigo mio, despues que yo. Te cederé mis derechos, y aun si quieres, para que veas si soy generoso, hazte mi rival desde ahora.....

—No, porque no vengo de *casaca;*[158] y luego tú tienes una ventaja sobre mí, vives en su casa..... y vamos á ver, ¿qué harás si descubren la intriga? .

—Primero haré por ocultarla, y si luego la descubren poco me importa... pero mira, Manolito, ahí está Carmen Marena con su marido.

—Sí, ya la veo desde aquí. Y el marido coloca á su mujer justamente al lado de Conchita... Hélo aquí que se dirige hácia nosotros.

—Tanto mejor. Me servirá de pretexto para no acercarme á la niña. Así como así ella es muy caprichosa, y podría haber mudado de intencion. Escucha, Manolo, cuando llegue la contradanza, saca á bailar á Conchita; no quiero acercarme á ella, porque si vuelve á vacilar, no tendré tiempo de convencerla.

No bien habia dicho estas palabras cuando se le reunió el capitan Marena, hombre robusto y endurecido en el servicio, cuyo aire brusco anunciaba mas bien la vida de las guarniciones, que las costumbres delicadas de la sociedad.

—Buenos dias, Claudio, dijo abrazando á nuestro héroe, y tú, gran pícaro, añadió, dando una palmada en el hombro á Manolito. Apuesto á que estais combinando algun ataque imprevisto.

—No, estábamos pensando en ir mañana á comer al cafetal de D. Tadeo. ¿Vendréis, capitan?

No faltaré. D. Tadeo es hombre que sabe tratar á sus amigos. Iré con mi mujer. Ah! y ¿tendrémos monte?

—Pues ya se vé.

En esto sonó la música, y cada uno se fué á buscar á su pareja. Manolito se fué hácia Conchita, mientras Claudio trataba de desembarazarse del tenaz capitan; pero en vano; tuvo que aguantar una porcion de preguntas.

—Quereis hacer una vaca conmigo?

—Ya he perdido una.

—De cuánto?

De veinte onzas.

—Pues bien, dadme dos, y os desquitaré.

—Allá van, dijo Claudio, dándole las dos onzas.

Ya veréis cuanto oro traigo, respondió el capitan, y desapareció.

Maldito monte! insoportable capitan! murmuró Claudio entre dientes. Mejor haría en cuidar de lo suyo; pero ya se vé, un jugador sin dinero no está obligado á guardar á su mujer.

---

158 *Casaca:* Literalmente, uniforme ceñido al cuerpo; figurativamente, atarse en matrimonio.

Dicho esto dió una vuelta por la sala; pasó por delante de Carmen; la saludó sin acercarse á ella por temor de Conchita, á quien necesitaba contemplar, y colocándose detrás de los bailarines, aprovechó todas las ocasiones de pasar Conchita junto á él para decirle algunas ternezas. Una vez pudo ella decirle:

—Por qué no has querido bailar conmigo, Claudio? Estoy tan fastidiada...

—Conchita, mira! un pesado me ha estado dando conversacion y... pero no estés tan seria con mi amigo, que te quiere mucho, y me pidió que le dejase bailar contigo esta contradanza.

—Ah! Claudio, si vieras que dudas y que temores me asaltan? Es preciso que hablemos despues, lo oyes?

Pero Claudio habia desaparecido de su lado.

Impaciente por retirarse habia ido á la mesa de juego, donde estaba seguro de encontrar á D. Antonio Pacheco, para decirle que su mujer deseaba dejar el baile. D. Antonio, que acabada de perder dos vacas de á veinticinco onzas, y que queda aun volver á tentar fortuna, recibió al mensagero de muy mal humor. Pero su deferencia hácia su mujer era tal, que guardó su dinero en el bolsillo, y arrepentido, sudando y murmurando entre dientes algunas maldiciones, siguió á su amigo.

Todo el mundo dejaba el baile; volantes y caballos se pusieron en camino á la vez alumbrados por las estrellas que brillaban al través de los naranjos y de los limoneros que rodeaban el camino. Las bromas, las apuestas y las carcajadas se cruzaban en el aire, y venian á mezclarse con el débil sonido quejoso de los totís, que refregaban las hojas con sus alas, y parecian quejarse de haber sido despertados antes del dia.[159] Pero al paso que las volantas iban desapareciendo á derecha ó á izquierda al través de los *gualdarayas* de palmeras que conducian á cada cafetal,[160] la alegría y el bullicio iban haciendo lugar al silencio. Cuando cada cual se encontró aislado en su solitaria casa de campo, recordaría probablemente las proezas y hazañas de los famosos bandidos que infestaban la isla. Los hombres prepararían sus espadas, y las mujeres rezarían el rosario hasta la hora de cenar y acostarse.

Solo Conchita no habia tomado parte en esta noche de la alegría ni del temor de sus compañeros de viaje. Preocupada, temerosa, arrepentida y débil, su corazon no bastaba á contener las emociones que la agitaban. Apenas llegaron al cafetal de Don Antonio, se sentaron todos á la mesa; pero Conchita no probó un bocado. Sus ojos humedecidos brillaban como dos estrellas en medio de un cielo azul, sobre la sombra gris que las fatigas y las emociones de la noche habian extendido alrededor de su órbita. La palidez de su rostro, con cierta mezcla de melancolía y de espanto á la vez, daba á su belleza un encanto indefinible é interesante; sus ojos no buscaban los de Claudio, ó por mejor decir, parecian huir de encontrarse con ellos, y fué preciso que doña Ca-

---

159 *Totí*: «Voz caribe. Pájaro de plumaje muy negro y pico encorvado, que se alimenta de semillas e insectos.» *RAE.*

160 *Gualdarayas-guardarraya:* «Camino estrecho entre dos espacios cultivados, especialmente en un cañaveral, que permite el paso de personas, animales y vehículos y que sirve de línea divisoria en campos de cultivo.» *RAE.*

talina la instase muchas veces á descansar para que ella se determinase á marchar á su cuarto.

Temeroso Claudio de una nueva explicacion con su querida, se retiró tan luego como acabó de cenar. Apenas Conchita se encontró sola en su cuarto, se encerró en él con la esclava que la servia, y enteramente distraida y preocupada, se dejó desnudar maquinalmente. La negra, que estaba de acuerdo con Claudio, procuraba averiguar los afectos que combatian el corazon de su señorita, y al quitarle las flores que adornaban su cabeza, entabló con ella la siguiente conversacion:

—Su merced ha bailado mucho, niña?

—Alguna cosa.

—Con el niño Claudio, no es verdad?

—Con otro tambien…

—Como la quiere el niño Claudio á su merced!

—Y ¿cómo sabes tú eso?

—*Auja,*[161] con que todo el dia no me está preguntando por su merced?

—Ah! Dios mio! exclamó la niña como si despertase de un sueño. Me estoy despeinando, y él debe venir aquí; cójeme pronto el pelo, Francisca.

—Con que le habló á su merced, niña?

—Sí, me habló; pero no vayas á decirlo á nadie.

—Qué voy á decir, niña?

—Pero… Yo no sé… Tengo miedo de estar con él sola… no por él, sino porque si papá lo supiera… Ojalá le hubiera dicho que no, que no! Al pronunciar estas palabras la pobre niña se arrojó en una silla como muerta. Al menor ruido que creia escuchar, se estremecia con un movimiento convulsivo; su cuerpo se levantaba en la silla como tocada de la electricidad, y hacia señas á la esclava para que fuese á abrir; pero esta, que sabia cual era la señal verdadera, no se inquietaba, y fingia no comprenderla. En fin, se oyeron pasos en el corredor, y despues tres golpes dados de quedo y por intervalos en la puerta. Sobrecogida de terror al oirlos, la muchacha se levantó precipitadamente, y andando de puntillas se puso delante de la negra, y sujetándola con fuerza las dos manos: no, no, la dijo con voz ahogada; pero la astuta negra, mientras la separaba con una mano, abrió con la otra al amante, y la pobre niña, falta de fuerza y de voluntad, volvió á caer en la silla temblorosa y fria como un hielo.

Si se fuera á buscar en la tierra un lugar para el Paraiso, le colocaría en el valle de San Marcos. Allí se encuentran reunidas bajo el mas hermoso cielo del mundo las bellezas sublimes de la naturaleza, y las bellezas estudiadas del arte. No son bosques primitivos, ni rios sin nombre, ni prados solitarios lo que van á buscar allí, es una naturaleza graciosa y magnífica á la vez. Se ven multitud de casas encantadoras cercanas las unas de las otras, y mas allá infinidad de cuadros de cafetales dispuestos en líneas regulares, cuyas formas graciosas, cuyas hojas lustrosas y de un verde suave que encubren una multitud

---

161 *Auja/Anja*: Expresión que quiere decir: ¡Así es!

de granitos encarnados que brotan por todas partes, forman un conjunto armonioso y encantador. La coquetería, el esmero, el lujo reinan en aquellas viviendas rodeadas de jardines magníficos. Allí se encuentran reunidas todas las maravillas vegetales de Oriente y de Occidente: las hojas, los frutos y las flores mas raras y mas extrañas se ofrecen por donde quiera á los ojos maravillosos del espectador, que se para á cada paso á admirar tantas bellezas. Un botánico tendría mucho que hacer aquí; en una parte se agrupan el indigo, el cocotero, el alcanforero,[162] el árbol del pan, el algodonero: mas allá la vainilla extiende sus frutos sobre un cuadro de fresas; el tamarindo se apoya sobre un cerezo; el canelo crece á la sombra de una encina; todos ellos dominados por otros árboles gigantescos que cubiertos de musgo y de enredaderas, tienen suspendidas á sus viejos troncos muchas generaciones de angarilla, guacalote,[163] campanillas,[164] caramaguey, y de otras infinitas plantas que no recuerdo. Todas estas magnificencias se hallan reunidas en un espacio de veinticinco leguas. Las propiedades estan separadas entre sí por guardarayas de dobles y triples columnatas de palmeras, cuya elevacion, valentía y magestad hacen latir el corazon de admiracion y alegría.[165]

La parte de la isla que acabo de describir es la única que posee buenos caminos; y cuando se recorre esta continuidad de propiedades, donde el lujo de la naturaleza despliega sus riquezas iluminadas por el sol de los Trópicos; cuando al deslizarse en uno de estos carruages ligeros del pais se respira la fresca brisa de la tarde cargada con mil perfumes desconocidos, se siente uno acometido de un vértigo, y embriagado en inexplicables deleites y en elevados pensamientos.

A una de estas encantadoras habitaciones era donde D. Tadeo Nuñez habia convidado á la sociedad de San Marcos para el dia siguiente del baile que acabo de describiros. Su cordialidad, su buen humor y su hospitalidad franca y cómoda, hacian muy agradable este convite.

En una galería sembrada alrededor de flores y pirámides de sandías y de ananas, la familia de D. Tadeo recibia desde por la mañana á las señoras á medida que iban llegando. Ningun hombre venia acompañándolas; la riña de los gallos los tenia reunidos en otra parte, donde se entregaban á las emociones de la lucha, de las disputas y de las apuestas.[166]

---

162 *Alcanforero*: «Árbol de (…) de 15 a 20 m de altura, de madera muy compacta, hojas persistentes, alternas, (…) flores pequeñas y blancas, y por frutos bayas negras del tamaño del guisante.» *RAE*.

163 *Guacalote*: «*Voz cubana*. Planta trepadora, (…) de tallos gruesos con fuertes espinas, y por fruto una vaina que contiene dos semillas duras, amarillas, del tamaño de una aceituna.» *RAE*.

164 *Campanillas*: «Flor de la enredadera y otras plantas, cuya corola es de una pieza y de forma de campana.» *RAE*.

165 Recreación de la «Cuba pequeña;» la Cuba del café y la pequeña industria que encierra los valores autóctonos; en contraste con la «Cuba grande» de la gran plantación o el ingenio azucarero, que impone la marcha de la industrialización a costa del sudor esclavo. Antonio Benítez Rojo, «Azúcar/poder/texto.» Reproducido en *Encuentro en la red*, nos. 37-38 (verano-otoño 2005). Primera impresión en *Cuadernos americanos*.

166 *Pelea de gallos*: Común en todo el Caribe, consiste en colocar dos gallos de lidia en un círculo arenoso, hasta que uno derrote al otro. Los aficionados eran típicamente hombres, ya que la violencia del juego se asocia con el machismo.

Uno solo, aunque muy aficionado á esta clase de diversion, no habia concurrido á ella aquel dia. Era D. Claudio que llegó en un quitrin con el padre de Conchita, la cual acompañaba á su madre en otro carruage. Las señoras se apretaron el brazo, y se abrazaron, segun costumbre del pais. Lucía, una de las hijas de D. Tadeo, se acercó á Conchita: «Ah! muchacha, la dijo,[167] qué pálida estás! sin duda no has dormido bien esta noche.» Aquella muchacha no sabia el mal que hacia. Las mejillas pálidas de la pobre jóven se volvieron encarnadas. «Yo, dijo ella. —Sí, tú. —No! es que me duele un poco la cabeza! ...» Y su turbacion encendia el carmin de su rostro. «Gracias á Dios! que te han salido ya los colores. Parece que mi conversacion te ha curado, China mia.»

Este diálogo, que llamó la atencion de las demas señoras, aumentó mas y mas la turbacion de la niña, que temblaba á la idea de que su semblante hubiese de revelar su secreto, y sus ojos llenos de lágrimas parecian implorar compasion.

La buena de doña Catalina, viendo la indisposicion de su hija, y atribuyéndolo á un motivo cualquiera:

—Vete al cuarto de Lucía, hija mia, le dijo, y desabróchate un poco el vestido, pues quizás te apriete demasiado.

—Sí, ven, Lucía. Y pasándole el brazo por la cintura se la llevó fuera de la galería.

—Qué tímida es! dijo la madre, cuando las dos se alejaron.

—Qué edad tiene? preguntó D. Tadeo sentado en una mesa, mientras que barajaban las cartas.

—En el mes de mayo cumplirá quince años.

—Oh! para su edad está muy hermosa y muy crecida!

—En este momento oyeron una volanta que se acercaba.

—Quién es? preguntó doña Catalina.

—Es el capitan Marena y su mujer, respondió una jóven que colocada sobre la macetilla de la escalera que conducia al jardin, se entretenia en anunciar los que llegaban.

Hola! exclamó Claudio, estan ahí ya...

Y de un brinco se encontró en la puerta para dar la mano á Carmen Marena.

—Qué buen centinela haceis, amigo mio! Pero esta vez tengo malas noticias que daros: las dos onzas se han perdido! exclamó el capitan antes que el coche hubiese parado.

—En buen [a] hora; pero al menos me concederéis el desquite de dar la mano á la señora, dijo Claudio acercándose al quitrin, y apoderándose del brazo de doña Carmen.

—Nada mas justo que rendir las armas á la belleza; esta es ya para mí una plaza conquistada.

---

167   «la dijo:» le dijo.

—Y tal vez sea la que os hace mas honor, capitan.

Al decir estas palabras, Claudio apretó la mano de Carmen, que respondiéndole con una sonrisa, entró en la galería.

—Sabeis que esto está muy fastidioso? dijo el capitan á Claudio apenas hubieron llegado. Procurad organizar un montecito.... Y vamos á dar un paseo, que el sol está entoldado.

—Vamos á dar un paseo.

—Ah! camarada, vais teniendo miedo al montecito.

—Quién! yo! no! Pero ya tendrémos tiempo de jugar mas tarde... Señora, dijo Claudio mirando á Carmen, quereis aprovechar esta nube para dar un paseo?

—Vamos! vamos!

Y todo el mundo se puso en movimiento para ir al *Prado de las cotorras*.

El capitan, queriendo hacerse el amable, se ofreció servir á las damas de Cicerone.

—Hola! exclamó este alegremente, parece que haceis hoy las veces de teniente mio.

—Nada mas lisonjero que estar á vuestras órdenes, mi capitan. Y diciendo estas palabras, tomó Claudio la delantera, llevándose consigo á Cármen Marena.

La guardaraya por donde se adelantaban estaba rodeada de dos filas de palmeras reales, alternadas de trecho en trecho con naranjos tan cargados de azahar, que el suelo estaba tapizado de él, y el aire embalsamado en su olor. Al pié de los árboles hacia[168] pequeños arriates sembrados de brujas y de cactus en flor. Cuando Claudio llegó con Carmen al fin de la calle, habian perdido de vista el resto de [los] paseantes. El sol habia vuelto á aparecer, y como el calor era tan grande, entraron en un bosque de cañas bravías, á donde iba á parar la guardaraya, para esperar á la sombra la llegada de sus compañeros.

Las cañas bravías son unos bambúes gigantescos que nacen de una raiz comun, y se elevan hasta veinte ó treinta pies de altura. Cada caña empieza por un diámetro de diez y ocho á veinte pulgadas, y se va adelgazando por grados hasta una sutileza extremada, y guarnecida de una cabellera de hojas largas y estrechas, entrega sus penachos al viento, balanceándose sobre los mas grandes árboles. Este vigor tan prodigioso en el pié de la planta mezclado con tanta flexibilidad, gracia y osadía, es una circunstancia muy característica de este pais.

Habiéndose quitado el sombrero, y resguardado su rostro de los rayos del sol con los mismos bucles de sus negros cabellos, que flotaban sobre sus mejillas, se sentó Carmen en la lisa corteza de una caña caida, sirviéndole de quitasol los penachos flotantes de los gigantescos bambúes que crecian á su alrededor.

—Qué sitio tan delicioso! le dijo á Claudio.

---

168   *«hacia»* habían.

—Sí, respondió él; al lado de una mujer amada es un verdadero paraiso.

—Pronto podréis gozar de él con vuestra prometida….

—Mi prometida... ¿Quién es?

—Dicen que Conchita.

—Es falso, señora: jamás he pensado en ello.

Carmen suspiró, y Claudio repuso:

—No sois dichosa, Carmen: vuestro marido no es el hombre que puede hacer vuestra dicha.

—Os engañais; nadie me ha obligado á casarme con él.

—Con todo, le creo incapaz de apreciaros en lo que valeis.

—Al menos hace todo lo que puede para hacerme dichosa.

—Y ¿qué hombre no haría lo mismo? En cuanto á mí, os aseguro que daría mi sangre y mi vida por la felicidad de agradaros un solo dia.

Carmen se puso colorada, y levantándose:

—Hé aquí á mi marido, dijo; y adelantándose hácia la entrada del bosque, presentó su mano al capitan que llegaba con los otros paseantes, preguntándole con una alegría afectuosa si estaba cansado.

—Un poco en verdad; pero tú debes estarlo mas, pues has venido á paso de batalla. Además hace calor; el prado de las Cotorras está aun muy lejos, y creo que sería mejor volvernos para jugar nuestra vaca, Claudito.

Este parecer fué aprobado por todo el mundo, y se pusieron en camino para volver á la casa, rodeando el bosque de las cañas bravías. Al volver un sendero, Carmen, el capitan y Claudio se encontraron los primeros delante de un bohio de *yaguas,*[169] habitado por un negro encargado de guardar un paso. El viejo africano estaba cubierto de andrajos y puesto en cuclillas cerca de una lumbre de *bejucos,*[170] en la cual estaban puestos á asar una porcion de plátanos. Apenas vió acercarse á los paseantes se puso en pié, y enderezándose cuanto pudo, se adelantó con su gorra de paño encarnado en la mano y su cachimoa (pipa)[171] en la otra, y haciendo un esfuerzo para arrodillarse, dijo:

—La bendicion, mi ama.

—Dios te guarde, le respondió Carmen.

—Su melsé dará pa tabaco á nego viejo, mi ama?

—Para tabaco, taita viejo, ó para aguardiente?

—A mí no bebe aguariente,[172] mi ama.

—Ten, taita, y haz con ello lo que quieras, dijo Carmen dándole algunas monedas.

—Eso me toca á mí, dijo Claudio poniendo un peso duro en la mano callosa del negro.

---

169   *Yaguas:* «Tejido fibroso que rodea la parte superior del tronco de la palma real.» *RAE.* Se utiliza en Cuba en los techos de los bohíos.

170   *Bejucos:* Planta trepadora, propia de las regiones tropicales. *RAE.*

171 *Cachimoa: Cachimba.* «Utensilio para fumar, consistente en un tubo terminado en un recipiente, en que se coloca y enciende el tabaco picado u otra sustancia, cuyo humo se aspira por el extremo de la boquilla del tubo.» *RAE.*

172   *Aguariente: aguardiente:* aquí se trata de aguardiente de caña, bebida espiritosa sacada de la destilación de la caña de azúcar. *RAE.*

Yo tambien tengo el derecho de hacer una buena obra, replicó Carmen echando su limosna en la gorra del negro.

El viejo trató de arrodillarse, y no pudiendo doblar sus articulaciones, puso las manos en tierra, despues las rodillas, y repitió muchas veces: Dios se lo pague, mi ama, Dios se lo pague.

—Buena limosna ha recojido el taita, dijo el capitan. ¿Qué hará con ese dinero?

—Yo lo sé, dijo Lucía la hija de D. Tadeo; lo echará en una botija que tiene enterrada debajo de la cama.

—Vive Dios! exclamó el capitan. Con que á D. Tadeo, que es el heredero presuntivo del negro, es á quien acabamos de dar limosna!

Las otras señoras no tardaron en llegar, y todos se encaminaron hácia la casa.

La primera persona que se presentó á los ojos de Claudio al entrar en la sala, y dando siempre el brazo á Carmen, fué Conchita hablando con Manolito junto de la puerta. Apenas lo vió ella, cambió de color; sus ojos estaban húmedos y abatidos; todo anunciaba en ella la vergüenza y la pasion. La conducta de su seductor habia lastimado su corazon cándido é inocente. Por primera vez se presentaban á sus ojos el aspecto de la corrupcion y los peligros de la vida, y esto á sus propias expensas y por consecuencia de una falta irreparable, acompañada del dejo amargo de los remordimientos y de los celos. Comprendia ella que solo una reparacion podia salvarla; pero la conducta de Claudio le hacia dudar de su honor, y su delicado instinto de mujer le decia á pesar de su inexperiencia que Claudio no tenia elevacion de alma. Sin embargo[,] al legarle su estimacion, no podia quitarle su amor y su destino. En su humillacion temia tanto á la sociedad como se temia á sí misma; én todas partes se figuraba encontrar miradas escudriñadoras; las bromas de Manolito, los cariños de sus amigas, las importunidades del capitan, la alegría indiferente de todo el mundo, la lastimaban y la entristecian mas y mas. Hizo, pues, el propósito de no volver á presentarse en el mundo sino como mujer de Claudio. Su conciencia la castigaba con castigos mas severos que los de la opinion pública; conocia que le sería mas fácil soportar la crítica de los demás que su vergüenza á sus propios ojos, y encontraba en su falta la experiencia que su educacion no le habia permitido adquirir.

A Claudio no le faltaba talento; pero estaba bien lejos de comprender los sentimientos de Conchita; para él la virtud consistia en el arte de ocultar el vicio. Al ver la agitacion dolorosa de la jóven, la atribuyó únicamente á celos; y acercándose á ella, trató de consolarla con los obsequios y las atenciones que le hacían tan peligroso, y cuya eficacia era infalible sobre la pobre niña. Las facciones de ésta se animaron; su mirada se serenó, y la alegría de su edad volvió á aparecer por algunos momentos en ella. Llegó la hora de comer, se sentaron á la mesa, y al segundo servicio se fué animando la conversacion: los unos cantaban las proezas de los gallos, los otros hablaban de la cosecha de aquel año; estos del baile, aquellos del monte; se leyeron poesías, se improvisaban décimas, todo el mundo hablaba á la vez cuando D. Tadeo pidió la palabra.

—Señores, un buen proyecto para mañana; ¿quereis venir á la *laguna de Piedra?*

—Bien, bravo, exclamaron todos á la vez. ¿En volanta ó á caballo? preguntaron algunos.

—Todos á caballo, replicó el capitan.

—Buena idea!

—Qué locura!

—Bien, bien!

—Imposible.

—Una palabra mas, gritó el dueño de la casa; cada uno como quiera.

—Viva, viva. Y la partida quedó acordada.

A poco se separaron para prepararse al baile de la noche.

—Conchita, vamos al baile, dijo doña Catalina á su hija, que triste y pensativa no se meneaba de su asiento.

—No, mamá; prefiero volver á casa; me duele mucho la cabeza.

—Cómo ¡Conchita! exclamó Claudio, que habia escuchado estas últimas palabras, ¿me abandonas?

—¿Irás tú al baile? replicó la jóven.

—No podria faltar sin comprometerte.

—Bien, haces bien, diviértete.

—Pero tu indisposicion no te impedirá recibirme esta noche.

—Claudio, exclamó la jóven con las mejillas y los ojos encendidos: tú has abusado de mi inocencia, y esta falta exige una reparacion.—Y no pudiendo soportar su propia energía, añadió con una voz muy conmovida: ingrato! — Sus ojos se llenaron de lágrimas, y Claudio permaneció silencioso mientras la jóven se salia de la sala pretestando una indisposicion. No tardaron en marcharse los dos, ella al cafetal de su padre y él al baile.

—Camarada! dijo Manolo á su amigo luego que le vió; me parece que la muchacha está triste y tú no muy contento.

—No tal, sino que empiezo á temer sus exigencias; se cree ofendida, y verdaderamente no sé que hacer.

—Vive Dios! ¿y creias tú que la niña se satisfaría con todo lo que tú le dijeses?...

—A fé mia! Voy ya creyendo que su tristeza no es mas que un artificio para obligarme á casarme con ella, y que tan niña como es, sabe ya calcular; pero es en valde, y si se enfada, ahí está Carmen para reemplazarla.

—¿Sabe V., compadre, que se ha aprovechado de su educacion parisiense? Caramba! no estamos tan adelantados por aquí. En fin, puede ser que te salga bien.

—Ya verás cómo la traigo á la razon. Conozco á las mujeres, y para sacar partido de ellas no hay que mimarlas. Por otra parte, no estoy muy mal con que ella no vaya al baile, y aun deseo que no sea mañana de la partida. Tengo proyectos......

Al concluir estas palabras entró en el salon de baile, y pasó gran parte de la noche haciendo la corte á Carmen, mientras el bueno del capitan tentaba la suerte en la mesa de juego.

Carmen Marena, hija de un empleado español, habia nacido en la Habana; pero habiendo sido llamado su padre á España, se la llevó á Cádiz todavía muy niña. Carmen tendría apenas quince años, y ya habian solicitado su mano muchos pretendientes. Sin embargo, no era rica; su fortuna consistia en una pequeña propiedad que su padre habia comprado en Cuba con sus ahorros; pero era muy graciosa, tenia las manos mas bonitas del mundo, y sobre todo un atractivo indefinible mas poderoso que la belleza misma. Su padre la habia dejado en completa libertad para disponer de su mano; y aunque el capitan era el menos seductor de sus pretendientes, como estaba retirado del servicio, y era el único que por su posicion independiente podia establecerse en la Habana, la jóven, que amaba mucho su pais, le dió la preferencia con esta condicion.

Carmen se habia criado en Cádiz con una tia suya, vieja, mujer alegre y muy dada al mundo, que no queriendo someterse á los cuidados que exigía la educacion de su sobrina, y envanecida ademas con la belleza que iba mostrando, la llevaba á todas partes, y se valia de ella para hacer desear su presencia en las tertulias. Los malos ejemplos y el espectáculo contínuo de una mesa de juego, con las libertades y groserías que son consiguientes, no fueron bastantes para corromper el corazon de Carmen. Su aturdimiénto y su extremada juventud le sirvieron de escudo contra el peligro; pero no pudo aprender á domar sus pasiones ni á mirar como faltas acciones que habia visto cometer como buenas. Carmen podia hacerse culpable sin dejar de ser inocente.

A la mañana siguiente todo era bulla en casa de D. Mateo. Todos acudieron á la hora fijada escepto Conchita y su madre. Claudio llegó el último con el encargo de escusar á estas señoras, y la partida se puso en camino unos á caballo y otros en carruaje.

Carmen montaba un soberbio caballo que Claudio le habia prestado. Su vestido de amazona realzaba la ligereza y la gracia de su cuerpo, y su rostro estaba embellecido con la esperanza del placer; su nariz afilada, sus grandes ojos garzos y brillantes estaban sombreados por grandes rizos de un cabello negro como el ala del cuervo, y resguardándose del sol con un velo de gasa que ondeaba en el aire, desafiaba en hermosura á la mas bella de nuestras mariposas. Claudio caracoleaba no lejos de ella en su caballo favorito, traido á gran costa de Inglaterra. Su habilidad en manejarlo, la flexibilidad de sus movimientos, la enérgica destreza que desplegaba para reprimirlo, hacian la admiracion de todos, y especialmente de las mujeres, cuyo corazon palpitaba cada vez que el ardiente corcel quería saltar por los matorrales. Pero el ginete mas brillante era el capitan Marena. Oficial de infantería, su pasion por la equitacion estaba en razon inversa de su profesion; acomodado en un caballo de la *estancia*, tan duro de paso como de boca, era una curiosidad el verlo querer trotar á la inglesa con el cuerpo echado hácia adelante, balanceándose de pies á cabeza, y saltando en la silla á cada paso. A veces se hallaba muy cerca del suelo; pero su aficion se gozaba en estos lances, y era la persona mas feliz de cuantas iban allí.

La cabalgata caminaba alegremente por un camino muy estrecho rodeado de limoneros y palmeras.

Aunque hábil y atrevida, á Carmen le costaba trabajo contener su caballo, cuyo ardor natural estaba excitado por las infinitas abejas que acudian al azahar de los limoneros, cuando al pasar por delante de una palmera, se desgajó una yagua (pedazo de corteza de la palmera), y cayó al suelo. Asustada Carmen, volvió las riendas al caballo; pero la sacudida casi la sacó de la silla, y habiendo soltado las riendas para volver á acomodarse, el caballo que se sintió en libertad, echó á correr á gran galope. Las señoras se pusieron á gritar, los caballeros á correr, y el animal, espantado por el ruido y excitado por la carrera de los demás caballos, se puso al escape. La confusion y la estrechez del camino impedian á los que estaban detrás correr á socorrer á Carmen, cuando Claudio, entrándose por la puerta de una cafetería, lanzó su caballo por junto á la guardaraya paralela al camino, y adelantando bien pronto al escapado animal, tomó espacio con su caballo, le metió las espuelas, y saltó el guardaraya; pero las piernas del animal se enredaron en los nopales, y el ginete fué á caer al otro lado del camino. Claudio se levantó con suma ligereza, y se encontró en medio del camino á tiempo en que el caballo de Carmen se habia parado de espanto al verlo. La violencia del sacudimiento lanzó á Carmen fuera de la silla; pero Claudio llegó á tiempo de recibirla en sus brazos.

—Gracias, le dijo ella, y se desmayó.

Todavía no la habia puesto en tierra cuando llegó asustado el capitan, y arrancándola de los brazos de su libertador, exclamó con una voz lamentable: ¡Ay prenda de mi alma! ¡qué peligro has corrido! Y estrechándola contra su corazon, la colmaba de caricias, y lloraba como un niño.

—No es nada, nó es nada, capitan, repetian todos á su alrededor; dejadla respirar.

En efecto, no tardó en volver en sí, y la alegría fué entonces general; pasado el primer momento de efusion, se fijó en Claudio la atencion de los concurrentes.

—Es necesario coronarlo.

—Sí, sí, vamos á coronarlo, gritaron todos.

Sentada junto al tronco de un árbol Carmen, se sonrió deliciosamente á la vista de tal escena. Habia leido en su infancia libros de caballería, y su imaginacion viva y ardiente la transformó al momento á sus propios ojos en una heroina de la edad media. Tejida la corona, toda aquella alegre concurrencia fué á donde estaba Carmen, y agarrando una muchacha de la mano al caballero; y haciéndole hincarse de rodillas,

—Es justo, dijo, que la belleza corone al valor.

Levantóse Carmen, y con fisonomía satisfecha y miradas dulces y acariciadoras:

—Caballero, dijo, poniéndole la corona en la cabeza; sea V. siempre fiel y valeroso.

Estas palabras fueron seguidas de aplausos y aclamaciones. A pesar de su carácter alegre, el capitan no tomaba parte en el regocijo general. Colocado detrás de su mujer, le era insoportable aquella escena en que ésta se encontraba bajo la proteccion de otro; y no pudiendo contener su mal humor:

—Si yo hubiese tenido un buen caballo como vos, dijo cuando se hubo apaciguado el tumulto, mi mujer, Sr. D. Claudio, no hubiera tenido necesidad de vuestro socorro, y si vos no le hubieseis prestado un caballo de todos los demonios, tampoco hubiera corrido ningun peligro.

Semejante ingratitud hácia su libertador hirió la susceptibilidad de Carmen que, despues de haberse puesto colorada, redobló las muestras de agradecimiento hácia Claudio para hacerle olvidar la injusticia de su marido.

—Cuánto os debo! le dijo cuando se disponian á marchar......y ese pobre caballo! añadió mirando al pobre animal tendido en el camino.....

—Antonio, dijo Claudio á su criado, levanta ese caballo.

—Mi amo, respondió el negro, está muerto.

—Dios mio! esclamó Carmen, y por mí! ...

Hay un hombre que haría otro tanto por vos, le dijo Claudio ayudándola á montar. Pero el capitan, temiendo una nueva contingencia, se acercó á su mujer, la agarró por el brazo, y la metió en una volanta.

Claudio montó el caballo de Carmen, y no pudiendo contener un suspiro al mirar al otro noble animal que le habia servido tan bien, metió las espuelas, y se alejó á gran galope.

Al cabo de media hora se volvieron á encontrar todos junto á la aldea de Manias, donde acaban los cafetales y comienzan las sábanas de *Guanacayo*. Los que venian á caballo y los que venian en carruaje se bajaron de sus volantas y de sus cabalgaduras, y empezaron á correr por aquellos campos entre flores salvajes, bejucos parásitos y plantas aromáticas. Los insectos, las majas[1][173] y las mariposas de mil colores se espantaban con el ruido; los unos se deslizaban sobre la yerba, mientras los otros desplegaban en el aire sus alas doradas, huyendo todos de aquella irrupcion que turbaba sus solitarias moradas, llenando el aire de silbidos y de susurros. Bien pronto se descubrió á lo

---

(1)   Serpientes grandes pero inofensivas. (*N. del A.*)

173   *Majás.* «Voz antillana. Culebra de color amarillento, con manchas y pintas de color pardo rojizo, simétricamente dispuestas, que crece hasta 4 m de longitud y 25 cm de diámetro por el medio del cuerpo. No es venenosa y vive en la isla de Cuba.» RAE.

lejos la *laguna de Piedra* que, como un inmenso espejo, se extendia en medio de esta llanura. La abundante pesca que encierran sus aguas atrae á los pescadores de muchas leguas á la redonda, cuyas canoas se ven atadas en gran número á la orilla. Una multitud de pájaros preciosos y adornados de los mas brillantes plumages habitan en las orillas de este lago por la frescura del agua; los chambergos, las cotorras, los cardenales y los totíes baten sus alas por todas partes, picoteando, bien las ondas del lago, ó bien las gotas de miel que penden del cáliz de alguna flor de alga ó de aguinaldo.[174]

En medio de estas incultas praderas se elevan de trecho en trecho bosques encantadores de floridos arbustos, donde la rosa del mar pacífico se enlaza al balador y la flor de nácar al mate y á la pictalaya,[175] formando grupos en medio de la sábana, como si quisiesen comunicarse la frescura y la sombra de sus anchas hojas en medio de aquella ardiente llanura. En uno de estos bosques, habitados por pájaros moscas, fué donde despues de haber colocado sobre la yerba los almohadones y los *tapacetes* de las volantas y las sillas de los caballos,[176] se reunieron todos los convidados de D. Tadeo bajo una tienda sujeta á los árboles y construida por órden de su huesped.

Servido el desayuno se pensó en jugar, y habiendo extendido un *tapacete* en el suelo, hombres y mujeres se sentaron alrededor de aquella mesa, y se entregaron á todas las emociones del juego, mientras que el capitan, aun sabiendo que se jugaba, se entretenia en espantar los pájaros de los alrededores. Claudio le preguntó á Carmen si no jugaba, y habiéndole contestado esta que su marido se habia llevado su bolso:

—Pues bien, le replicó, jugarémos juntos; yo pondré el dinero, y V. la suerte.

Entregados estaban todos al placer ó al dolor de sus pérdidas ó de sus ganancias, cuando apareció el capitan; pero, contra su costumbre, no quiso tomar parte en el juego. Su mujer corrió al instante á él, y aunque lo encontró tan afectuoso como siempre, conoció que le disgustaba interiormente la preferencia que ella daba á Claudio; así, pues, en cuanto tuvo ocasion de hablar á este aparte:

—Claudio, le dijo, las atenciones de V. pueden comprometerme; temo la penetracion de mi marido,[177] y no debe V. ocuparse de mí.

Claudio se alegró mucho de aquella primera prueba de complicidad.

—No esperaba yo, Carmencita, semejante prueba de indiferencia; le dijo con afectada melancolía. Toma V. sin duda ese pretexto para alejarme de sí.

—Bien sabe Dios que se engaña V., pero mi marido...

—Sí, sí, tiene V. razon; soy un insensato; mi vida debo yo sacrificar á su reposo, y ya sabe V. si soy capaz de esponerla por V.

---

174 *Aguinaldo:* «Planta tropical silvestre (...), muy común en Cuba y que florece por Pascua de Navidad.» *RAE.*

175 *Pictalaya: pitahaya:* «Planta de la familia de las Cactáceas, trepadora y de flores encarnadas o blancas según sus variedades. Algunas dan fruto comestible.» *RAE.*

176 *Tapacete:* «Toldo o cubierta corrediza con que se tapa la carroza.» *RAE.*

177 *Penetración:* «Perspicacia de ingenio, agudeza.» *RAE.* Por tanto, se refiere a la vigilancia del marido, que sospecha un «liaison dangereuse» entre Carmen y el pérfido Claudio.

Carmen guardó silencio; pero una mirada penetrante y apasionada no le dejó á Claudio duda ninguna de la impresion que habian hecho sus palabras.

—Dígame V., le preguntó ella aparentando indiferencia, y Conchita?... Cuando se casa V. con ella?

Este nombre turbó á Claudio, como todo lo que le recordaba la pobre niña.

—Jamás he pensado en eso, se lo juro á V. Y en V. me admira mas esa pregunta.

La incomodidad interior que revelaban en Claudio el tono con que pronunció estas palabras, tocaba en imprudencia.

—Bien, dijo ella, no hablemos de eso.

Se alejó Claudio de allí llena el alma de una alegría infernal al ver tan adelantado su nuevo plan de seduccion, mientras el corazon de la jóven se entregaba á los primeros latidos de una pásion violenta y romancesca.[178]

Comieron alegremente despues de jugar, y á la tarde se pusieron en camino.

D. Tadeo propuso á sus convidados que pasasen un dia mas en su casa, y todos aceptaron con alegría la proposicion.

A las ocho de la mañana la negra Francisca acababa de vestir á la pobre Conchita. El balcon estaba abierto, y el sol empezaba á entrar en el cuarto á través de la cortina de lienzo rayado con flecos encarnados; y mientras le ponia el peinador de linon para arreglarle el cabello, Francisca contaba á la pobre niña todo lo que habia pasado el dia antes, sin omitir ninguna circunstancia.

Conchita despidió á la negra, y arrojándose en una butaca: «Infame, exclamó con las lágrimas en los ojos, cómo se ha burlado de mí! cómo me desprecia! cómo se divierte! Él es dichoso, ese pérfido, mientras que yo estoy devorada por los celos y la desesperacion. No, no, no triunfará, añadió, lanzando de sí el taburete donde tenia puestos los pies, y levantándose con el rostro demudado...Todo se lo voy á confesar á mi madre, para que él se muera de vergüenza en su presencia.»

Y diciendo estas palabras se dirigió á la puerta como loca; pero antes de llegar habia cambiado de resolucion, y se volvió á arrojar pálida y temblando en la butaca.

—Y cómo, Dios mio! he de tener valor, exclamó deshecha en lágrimas, para confesar á mi madre mi deshonra? Ay! madre de mi alma, te morirías si supieses que tu Conchita está perdida... qué vergüenza, Dios mio, qué vergüenza!... y mi ángel de la Guarda, donde está?... —Y pasando repentinamente á otra idea: —sí, dijo, mientras yo me muero de desesperacion, el infame se rie de mí con sus queridas.

A estas palabras su indignacion no tuvo ya límites, y enjugándose las lágrimas y tomando un aire resuelto:

—Ya sé lo que he de hacer, exclamó, y lo haré; él se complace en verme

---

178 *Romancesca*: Novelesco, de pura invención. *RAE*. Por tanto, ardorosamente romántica.

encerrada, llorando y sin pedir sus amores; pues bien, iré hoy á casa de D. Tadeo, bailaré, estaré contenta, me reiré en presencia de esa infame, le diré á todo el mundo quien es la querida de Claudio, y si es menester le pegaré una bofetada á esa pícara.

En seguida se recojió los cabellos, se ató el cordon del peinador, y entró en la sala donde su familia y Claudio la esperaban para almorzar. Delante de él, y con aire muy tranquilo, dijo Conchita á sus padres que queria ir á casa de D. Tadeo. Asombrado é inquieto con una resolucion tan repentina, Claudio queria adivinarle el motivo en los ojos, cuyas terribles miradas no dejaban de atormentarle el corazon; pero disimuló, segun su táctica, y acabó de indignar á la niña con su aire ofendido y desdeñoso.

Empezaba la fiesta cuando llegaron á casa de D. Tadeo, y el ruido de la música y la alegría de los bailarines esparcian la animacion por todas partes.

Conchita entró, se acercó con aire vivo á sus amigas saludándolas con efusion y volubilidad, y se puso en baile á la primera contradanza que le pidieron. Jamás habia desplegado tanta ligereza ni tanta gracia; jamás la elasticidad de su cuerpo habia lucido tanto en los movimientos voluptuosos de la contradanza habanera; y su mirada, generalmente dulce y apagada, atraía con su fuego una corte de jóvenes asombrados de su coquetería, y encantados como siempre de su belleza. Las mujeres, con el instinto sagaz que las caracteriza, descubrieron al instante en ella alguna cosa de nuevo y de desacostumbrado:

—Mirad á Conchita, decia una muchacha de labios delgados y la voz chillona; parece que ha perdido el juicio. Y qué mal peinada viene... y parece que habla sin saber lo que dice, y que escucha sin oir, y que mira sin ver.

Ya lo habia yo notado, respondió otra mujer regordeta, cuya fisonomía indicaba un sentimiento de benevolencia; si estará mala?

No, replicó otra, sino que ha reñido con su novio, que está obsequiando á la mujer del capitan en su presencia.

—Ya, pero eso... le faltarán novios á una muchacha tan bonita!

Acabada la contradanza, Conchita se acercó á saludar á Lucía.

—Cómo estás, Chinita? le preguntó su amiga abrazándola.

—Buena, amiga mia, y tú?

—Perfectamente, y muy contenta con verte hoy alegre; el otro dia estabas tan triste.

—Estaba mala, hoy no; nunca me he sentido mejor.

—Yo creí que estabas reñida con Claudio; pero si habeis hecho las amistades, te doy la enhorabuena.

—Nada de eso, no me acuerdo de él.

—Con que seguís reñidos?

—Para siempre; te diré mas, le aborrezco.

—Me alegro, China; francamente, le tengo por un inconstante; si le hubieses visto ayer con la Carmen Marena... por poco se mata por ella.

—Y Carmen estaba muy contenta, no es verdad? Excelente conducta para una mujer casada.

En vano trataba de embromar la pobre niña; la emocion de su voz revelaba el estado de su corazon; cambiaba de color, tenia que contener las lágrimas, y se sentia dominada por el deseo de la venganza. Su vida fué un suplicio durante aquel dia. Al ver los obsequios de Claudio á su rival, mas de una vez tuvo tentaciones de insultarla; pero la vergüenza y la timidez la contenian. Durante la comida, las miradas apasionadas y las atenciones que Claudio dispensaba á Carmen le partian el corazon; su pulso y sus sienes latian con una violencia febril. Un convidado compadecido de su tristeza le ofreció una copa de vino de Champagne; ella que no lo habia probado jamás, se lo acercó á los labios y lo apuró. La agitacion producida por el licor aumentó el desórden de sus ideas, y el fuego que ya circulaba por sus venas. Sin embargo, en medio de la alegría general, nadie conoció el estado violento de la pobre muchacha, y lo encendido de sus mejillas, el color sanguíneo de sus ojos y sus miradas estraviadas se atribuyeron al efecto del Champagne.

Las cuatro de la tarde eran cuando se acabó la comida, y al momento empezó una contradanza.[179] Conchita sola y pensativa en una de las extremidades del salon, se creia entregada á un sueño terrible, y no podia creer en la evidencia. Los objetos se ofrecian á sus ojos como sombras fantásticas; la música la incomodaba é irritaba sus nervios; en el delirio de su desesperacion no comprendia el delirio de tantos placeres, y no veía mas que dos personas sentadas al otro extremo de la sala, y que parecian absortos en una conversacion deliciosa. Estas dos personas eran Claudio y Carmen Marena.

La noche habia cerrado del todo; las estrellas como otros tantos soles brillaban en el firmamento, y la brisa introduciéndose en las copas de los árboles, balanceaban dulcemente unos sobre otros los penachos de las palmeras, llenando el espacio de suaves armonías. Una sombra fugitiva, deslizándose al través del guardaraya, se encaminaba hácia el bosque de cañas bravas.—Pero á dónde se dirige en semejante hora?—Huye quizás del perro *gibaro...?*[180] de la serpiente....? del negro fugitivo...?—no, esa mujer huye de sí misma, porque vá por la primera vez de su vida á violar su juramento, á buscar su deshonra. Apenas habia llegado á la mitad de la alameda que formaban los árboles, cuando oyó los ladridos de un perro, y se paró temblando. Un instante despues oyó tambien la voz del mayoral que, acompañándose con su *tiple,* cantaba no lejos de ella.[181]

El corazon de Carmen latia con violencia. La voz del *guagiro* le parecia ser la del ángel de su Guarda: un frio mortal corria por sus venas. Vaciló entonces, y aun dió algunos pasos para volver á su casa y á sus deberes; pero Claudio se adelantó rápidamente por el otro lado de la alameda, oyó ella sus pasos, y se detuvo... lo habia prometido. La voz del guagiro se dejó de oir;

---

179 *Contradanza:* Danza típica cubana.

180 *Gibaro-jíbaro:* «Voz cubana. Dicho de un animal, especialmente del doméstico: Que se ha vuelto montaraz.» *RAE.*

181 *Tiple:* «Guitarra pequeña de voces muy agudas.» *RAE.*

Claudio estaba cerca de Carmen, y esta inmóvil en el lugar de la cita, temia mas aun adelantarse hácia él, que volverse como lo habia intentado. Arrastrada bien pronto por el silencio, el miedo y el deseo, se lanzó con presteza hácia el bosque, y desapareció en medio de las cañas bravas... pero un momento despues estaba Claudio cerca de ella, cerca del árbol tronchado donde habian estado sentados la primera vez que le habia hablado de amor. Carmen estaba pálida y temblorosa; su amante, respetando su emocion, y guardando el mas profundo silencio, se arrodilló delante de ella, la tomó una de sus manos, y la llevó á sus labios. Carmen lloraba acosada por los remordimientos; una turbacion mortal se habia apoderado de ella, y permanecia insensible á las caricias de su seductor; pero este con tanta sagacidad como elocuencia, la hizo olvidar bien pronto los temores que la agitaban, y humedecidos y animados sus ojos por el delirio de la pasion, dejó ella caer su cabeza encantadora sobre el hombro de su amante... Un grito agudo hirió sus oidos en este momento; se volvió espantada, y vió aparecer en medio de las sombras prolongadas de las cañas bravas una mujer con el pecho desnudo y el cabello suelto, y que extendiendo sus manos gritaba con una voz que conmovia: infames! infames... !

Carmen se quedó inmóvil, y su rival iba ya á alcanzarla, cuando colocándose Claudio entre las dos, y deteniendo con mano firme el brazo de Conchita:

—Huya V., Carmen, le dijo, huya V. en nombre del cielo, sino es V. perdida.

Cómo pintar esta escena trágica que se representaba en un bosque solitario en medio de las tinieblas de la noche! Alejóse Carmen, mientras que la pobre jóven hacia vanos esfuerzos para soltarse de las manos de Claudio:

—Cobarde, cobarde, decia, hombre villano! Adónde irá que yo no la siga y la deshonre! Socorro, socorro! capitan Marena; papá, mamá mia......

Por Dios! cállate, cállate, Conchita; no reconoces á tu amante? cállate y soy tuyo por toda la vida.

—Está bien, acepto, respondió la niña con un furor concentrado. Y apenas la habia soltado Claudio, cuando corriendo por donde se habia ido Carmen, comenzó á gritar:

—Infames! á todo el mundo se lo diré, infames!

Y el eco pacífico de los bosques repetia sordamente alrededor: infames...!

Claudio se precipitó tras de ella, y no tardó en alcanzarla, y agarrándola en sus brazos, trató en vano de calmarla con sus ruegos y con sus promesas.

—Conchita de mi vida, le decia tan desesperado como ella misma; en nombre de tu padre y de tu madre, cálmate.... A tí sola amo yo en el mundo, á tí sola... Seré tuyo, te lo juro por las cenizas de mi padre...

—Déjame, gritaba la desgraciada, haciendo por desasirse, no quiero tu amor, te detesto... socorro, papá mio.

—Vive Dios; exclamó Claudio, dominado ya por la cólera, y sacudiéndole el brazo que le tenia siempre agarrado; quieres perderme, niña ó demonio? Maldita sea mi suerte y el dia que te conocí.

Y apretándola convulsivamente entre sus brazos daba patadas en el suelo.

La niña lanzó un grito aterrador, y acaso hubiera cedido al espanto que le causaban las maldiciones y el furor de Claudio, sino hubieran sonado ladridos de perros seguidos de unos gritos prolongados que son particulares á nuestros guagiros cuando se llaman unos á otros en el campo.

—Ni... na... á... Conchi... ta... á...

Y la niña, cobrando nuevas fuerzas, gritó con toda su voz:

—Aquí estoy, aquí estoy.

—Cállate, le dijo Claudio; júrame callarte... por tí misma, China, por tu honor.

—Mi honor, hipócrita, mi honor! tú me lo has quitado, y me has abandonado á la desesperacion.

—Aquí estoy, aquí estoy.

—Hija del demonio, te callarás? y le tapó la boca con la mano.

Los ladridos de los perros se hacian cada vez mas distintos, y era claro que Claudio y la niña iban á ser descubiertos: recobrando esta nuevas fuerzas, y arrebatada por una desesperacion furiosa, plegaba su débil cuerpo como una serpiente para desasirse, y luchaba con un ardor frenético.

Entre tanto se acercaba el ruido; los perros de busca habian descubierto la pista, y se percibian ya claramente voces de hombres, entre las cuales creyó Conchita reconocer la de su padre. Entonces ya no bastó para contenerla toda la fuerza de Claudio. El sudor caia por la frente pálida del jóven, y se inflamaba su respiracion; pero cuando se separaba un poco la mano de hierro que tapaba sin piedad la boca de la desgraciada, se entendian á medio articular estas palabras: bárbaro! bárbaro! ...Claudio no estaba en sí; ardia su cerebro, sus sienes latian con fuerza; no pudiendo en fin contener á la jóven cuyo furor crecia mas y mas, la agarró con las dos manos por el cuello, y la empujó con violencia diciendo: «Furia del infierno!»—La pobre niña cayó sin movimiento al pié de un *yaya* como la pobre gazela herida en el corazon.[182]

Espantado Claudio y desatentado permaneció algun tiempo inmóvil con los ojos fijos en aquel inanimado cuerpo, é inclinándose sobre él buscó algunas señales de vida. Los ojos de Conchita estaban cerrados, su rostro encendido y cubierto de sudor: Claudió acercó su boca á los labios ardientes de la jóven, y buscó vanamente en ellos un soplo de respiracion; tocó muchas veces sus manos heladas, y no hallaba el pulso; le desabrochó el vestido, le puso la mano en el corazon y en el pecho, la encontró fria como un marmol, y la creyó muerta. Un sudor frio inundaba la frente de Claudio, y sus miradas se fijaban como las de un loco en aquella pobre criatura, cuando habiéndole vuelto en

---

182 *Yaya:* «Voz cubana. «Árbol (…) con tronco recto y delgado, hojas lanceoladas, lampiñas, flores blancuzcas y madera flexible y fuerte.» La variante «cimarrona» se registra como «Árbol que tiene tronco muy ramoso, hojas oblongas y brillantes, flores amarillas, pequeñas, solitarias en la axila de las hojas, y cuyo fruto sirve de alimento al ganado de cerda.» *RAE.*

sí los ladridos de los perros que sonaban ya á la entrada del bosque, se apoderó de él un terror indefinible, y saltando como un gamo, perseguido por una jauria, huyó por entre los árboles.

A medida que se alejaba precipitaba mas su carrera, como si sintiese caer sobre su cabeza una mano vengadora. El murmullo de las hojas agitadas por la brisa, el zumbido de los insectos nocturnos; el leve temblor de las alas del cucullo luminoso, y hasta el ruido de sus propios pasos, le hacian estremecer, y le parecian otros tantos testigos de su crímen. Habia corrido ya largo espacio, cuando se encontró en un sembrado de maniguas, cerrado por todas partes con troncos de árboles, restos de un bosque desmontado; allí se detuvo, y sentándose en un cedro caido, comenzó ya mas sereno á darse cuenta de su situacion: Dios de misericordia, exclamó, juntando las manos y levantando sus ojos inflamados al cielo, ¿es un sueño, es un delirio? Yo asesino! ... ¿y de quién, Dios de bondad, de quién? —de una pobre muchacha, de una niña que me amaba... Maldito amor... Maldita sea la hora en que la ví por primera vez... La sangre se me hiela en las venas… un peso me oprime el corazon…yo me ahogo... —Y luego proseguia: —Yo castigado como asesino; yo criminal! ... Dios mio, tú sabes que no he tenido intencion de matarla! ... ella ha sido, ella sola... —Y salió de sus ojos un torrente de lágrimas. —Desgraciada, añadió con voz interrumpida; tan niña y tan hermosa…… yo soy tu seductor y verdugo……no, no podré soportar este remordimiento... quiero volver á ver tu cadáver, confesar mi crimen delante de él, y sufra yo el castigo que merezca.

Tomada esta resolucion, se levantó como un loco, y se encaminó á largos pasos hácia la casa. Estaba ya cerca de ella, cuando oyó cerca de si una voz que le llamaba diciéndole: «niño Claudio, niño Claudio.» Su preocupacion no le habia dejado oir á la persona que le llamaba y que corria tras de él hacia algunos momentos; la sangre se le arrebató al corazon, y se extremeció como si la voz le pidiese cuenta del asesinato que acababa de cometer; pero luego se serenó al oir la misma voz que continuó así:

—Soy Antonio, niño, ¿no me conoce su melcé?[183]

—Y bien, ¿qué quieres? ¿está lista la volanta?

—No señó, niño, polque su melcé no me dijo que la pusiera.

—Vé corriendo á enganchar las mulas.

—Sí señó; pero el niño Manolo me mandó que llamára á su melcé.

—¿Dónde está?

—En el batey esperando á su melcé.

—Adelántate, y dile que estoy aquí.

Apenas vió Claudio á su amigo, le dijo arrojándose en sus brazos:

—Acabo de matar á Conchita.

—¿Cómo? ¿tú?

—Sí, yo con mis propias manos.

---

183   El diálogo imita el dialecto de los esclavos de origen africano. Se trata de una doble imitación, ya que la autora lo deriva del relato de Betancourt.

—Si no ha muerto, hombre.

—¿No? exclamó Claudio entregándose á todo el delirio de su alegría. Quiero verla.

—Cálmate por Dios, y sabe la causa de este cruel acontecimiento. Conchita no está muerta; pero continúa en un letargo profundo.

—¿No está muerta? repetia Claudio. ¡Ah! si tú supieses lo que yo he sufrido, Manolo! ... Pero... ¿tienen sospechas de mí?

—Qué demonio, hombre! Cuando te digo que te tranquilices, créeme. Nadie sabe nada de lo que ha sucedido, sino que la muchacha fué encontrada en medio del bosque junto de una caña brava, tendida en la yerba y sin conocimiento. Primero la creyeron muerta; la trajeron á la luz de las antorchas seguida de perros que ahullaban, de gente que gritaba, del padre que lloraba, y de los negros dispuestos á llevarla á su casa; pero bien pronto conocieron que respiraba, y el médico del cafetal asegura que no está mas que desmayada. Se atribuye el caso al calor del baile.

—¿Y nadie sospecha la verdad?

—Yo mismo no la sabria si al tiempo de empezar á buscar á Conchita, no hubiese visto entrar á Carmen con el vestido descompuesto y sumamente turbada. Corrí á buscarte, y aumentadas mis sospechas con tu ausencia, envié una porcion de negros á que te saliesen al encuentro, y te informasen del caso. Ahora dime cuál es el misterio.

Claudio se lo contó todo brevemente á su amigo, y le pidió consejo. Manolo, antes de responder á su pregunta, le dijo:

—Bien noté yo que despues de haber encontrado á la niña, los perros querían seguir otra pista; y sospechando alguna diablura tuya, mandé al mayoral que los detuviese.

—Pero hombre, aconséjame, ¿qué debo yo hacer? Si Conchita muere, Manolo, me levanto la tapa de los sesos.

—Perfectamente; pero empecemos por entrar en la casa.

¿Y si ella me vé?

—Te digo que no está en estado de conocerte. Vamos, ven. Nadie sospecha nada, y tu fuga podria descubrirlo. Valor, pues; dame el brazo.

Y se llevó consigo á su amigo.

La primera persona que se presentó á su vista al entrar en la sala, fué el capitan Marena del brazo de su mujer y pronto á marcharse.

¿V. aquí, Claudio? dijo el capitan así que lo vió, ¿de dónde viene? El paladin de las hermosas, ¿dónde ha estado que no ha socorrido á su prometida? ¿Ignora V. lo que acaba de suceder?

—Estaba de visita aquí enfrente, en el cafetal de Herrera, respondió Manolo; yo he ido á buscarlo, y si hubiese previsto el efecto que debia causarle la noticia, no se la hubiera dado.

—Valor, amigo, valor, dijo el capitan á Claudio con aire de conmiseracion;

eso no será nada; la muchacha ha probado por primera vez el champagne, y nada mas.

—En efecto... respondió Claudio, todavía sin recobrarse, y levantando los ojos, se encontró con los de Carmen, que mostraba su deseo de partir con muestras de impaciencia. La mirada de Claudio revelaba el embarazo y la vergüenza; pero la de Carmen respiraba la cólera y el desprecio. Claudio, temeroso y abatido, no tenia para ella el prestigio que antes la habia seducido; su humildad y su turbacion le hacian casi ridículo á sus ojos; y en aquel instante el capitan, con sus salidas de pié de banco, su imperturbable aplomo y sus derechos de proteccion, le parecia muy superior al tímido Claudio.

—Vámonos, Marena, dijo con un movimiento de impaciencia; me siento algo mala.

—Vamos, china. Adios, señores; las mujeres son tan delicadas, y es menester un cuidado con ellas...

Y se dirigió á la puerta con su mujer, la cual dirigió al salir una mirada terrible á Claudio.

—Dos enemigos menos, dijo Manolo á su amigo; vamos, valor y entremos. Qué hombre tan imbécil! unas ganas me daban de echarme á reir! ...

A Claudio le faltaron las fuerzas al acercarse al cuarto de Conchita; temblaron sus rodillas, y tuvo que sostenerse contra el quicio de la puerta. Su conmocion se aumentó todavía cuando, alzando los ojos, vió á la pobre niña acostada en una cama, con los cabellos sueltos, los ojos cerrados y el vestido manchado de sangre. Un sentimiento indecible de remordimiento y de compasion atormentó de nuevo su alma, y creyó ver en aquella sangre preciosa una prueba indudable de su crímen.

Doña Catalina, á la cabecera de la cama, y con la cabeza inclinada sobre ella, miraba fijamente á su hija, mientras que sus lágrimas caian una á una sobre aquellas manos que apretaba entre las suyas. Al oir abrir la puerta volvió la cabeza, y apenas vió á Claudio, cuando corriendo hácia él y echándole los brazos al cuello, prorumpió en sollozos, y le dijo:

—Ay! venga V., Claudio de mi alma; venga á partir mi dolor;[184] V. que la quiere tanto, mire en qué estado me la han traido; mírela inanimada, moribunda, y dígame si hay valor para esto.

Claudio sostuvo á la pobre madre en sus brazos; pero estaba temblando, y no pudo responderla.

Cuando se calmó un poco doña Catalina, Claudio se puso en un rincon del cuarto, enfrente dé la enferma. —Pobre niña, decia con toda la amargura de su alma; pobre niña! Qué hombre no hubiera puesto su orgullo en ser amado de tí y en poseerte! Tú me habias preferido á todos tus adoradores, y yo he jugado con tu amor, y te hé sacrificado á una pueril vanidad; pero si es tiempo todavía, yo te vengaré de mi pasada crueldad con una vida de amor y de expiacion. Corrieron de sus ojos algunas lágrimas, y Conchita le pareció

---

184 *Partir:* Compartir.

mas hermosa que nunca. La enerjía que habia desplegado la engrandecia á sus ojos, y la encontraba un nuevo atractivo desde que ella habia sabido resistir á su ternura y á su voluntad. Claudio no era malo por naturaleza; sus vicios eran el resultado de una mala educacion, y la corrupcion de sus costumbres no habia penetrado en su alma.[185] Habiendo pasado su primera juventud en la disipacion y en los placeres de Europa, su imaginacion se habia acostumbrado desde muy temprano á convertir sus pasiones en vicios y en pasatiempos; é ignorando la trascendencia de ciertos actos de la vida, no sabia prever las consecuencias de sus acciones culpables é inocentes.

Despues de haber pasado la noche bastante tranquila la enferma, fué acometida por la mañana de una calentura ardiente, acompañada de delirio. Aparecieron manchas negras en su rostro, en sus brazos, y particularmente alrededor de su cuello, donde aparecian señales como de dedos.[186] Esta circunstancia despertó las sospechas, y cien otras las confirmaron. Muchas personas, entre otras el guagiro que estaba cantando, dijeron haber oido durante la noche ruido de pasos en el guardaraya. El viejo *guardiero* á quien se le preguntó, confesó que habla escuchado á la *niña* llamar á su madre; pero que habia creido que se estaba paseando, y no se habia meneado. Para apartar las sospechas que pudiesen recaer en su amigo, Manolo las hizo recaer en algun negro culpable sin duda del atentado. Esta hipótesis puso el colmo á la desesperacion de los padres de la niña, y al horror y la indignacion de sus amigos.

La gente del cafetal se puso en movimiento para ir a buscar al culpable; pero en vano; el culpable no pareció. Entre tanto Claudio permanecia tristemente á la cabecera de la enferma, y parecia expiar sus menores movimientos. El delirio se fué aumentando por grados, y la enferma comenzó á pronunciar palabras interrumpidas: « no no me ahoguéis... bárbaro! ... socorro! ... que me matan! ... Carmen! ... Claudio! ... seductor! ... asesino! ...» Y llevándose las manos á la garganta, levantaba los brazos como para rechazar un peligro; y si tal vez llegaba á distinguir á Claudio, daba gritos terribles, y su terror y su delirio no tenia límites. Claudio, clavado allí, pálido, temblando, cubierto de un sudor frio, y con los ojos fijos en el techo, no tenia fuerza para arrancarse de allí, y permanecia inmóvil entre indecibles angustias. Parecia la estátua del miedo.

Esta crisis duró seis dias; al sétimo la enfermedad comenzó á ceder á la abundancia de las sangrías y á un régimen que agotó enteramente las fuerzas de la paciente.

Claudio no la dejaba un solo momento, y partia con la madre sus cuidados. Al sétimo dia D. Antonio consiguió de su mujer que reposase algunas horas, y Claudio se encargó de reemplazarla. Sentado á la cabecera, contemplaba su rostro enflaquecido por la enfermedad, sus labios descoloridos, y su frente lisa y húmeda, en que se revelaba todavía el sufrimiento. El alma de Claudio, conmovida de piedad y de amor, se lanzaba hácia ella, y acometido

---

185 Nótese la función pedagógica del cuadro de costumbres, de corregir el comportamiento y cambiar el sistema de valores y la educación de los jóvenes criollos.

186 Conchita lleva en su cuerpo las marcas de la culpabilidad de Claudio, detalle no incluido en el original de Palma.

de una idea dolorosa exclamaba en voz baja: «hé aquí mi obra.» Dispertóse[187] Conchita, miró alrededor del cuarto, y sus ojos se volvieron hácia Claudio, á quien hasta entonces no habia distinguido. Al verlo se reclinó, y poniendo el codo en la almohada, apoyó su cabeza en la mano, y permaneció inmóvil con los ojos fijos en él. Sus mejillas se coloraron, sus cabellos cayeron en negras trenzas sobre su pecho descubierto y señalado todavía de los golpes que habia recibido. Claudio se quedó aterrado como si estuviese delante de su eterno juez. Al cabo de algunos instantes corrieron dos gruesas lágrimas de los ojos de la jóven y resbalando por su rostro, cayeron en la almohada; volvió á inclinar la cabeza, y pareció quedarse dormida.

Algunos dias despues ya estuvo en estado de que la llevasen á su casa; pero le quedó una enfermedad de languidez, y guardó el mas profundo secreto sobre el acontecimiento del que habia sido víctima. Vanos fueron los ruegos de sus padres y de sus amigos; su respuesta fué siempre el silencio. Claudio continuó dispensándola grandes atenciones, y la pidió en matrimonio; pero con gran sorpresa de todos, Conchita rehusó con dulzura, sin justificar su repugnancia con ninguna razon plausible. Los ruegos y las lágrimas de su madre no alcanzaron nada de ella; solo consiguieron aumentar su pasion por la soledad. La habian llevado á la Habana para procurarle los socorros de la medicina y para distraerla; pero renunció al mundo, y se alejó de sus amigas y compañeras de infancia. Su languidez se aumentaba por grados; se la veia debilitarse de dia en dia y de hora en hora. Excitado por tanta resistencia y por la negativa formal que habia recibido, Claudio no perdonó ningun medio para tener con ella una esplicacion; pero toda la astucia de Francisca no consiguió sino hacerla importuna á su ama, la cual rogó á su madre que le pusiesen en su lugar una jóven esclava *Mandinga Bozal,* que no sabiendo hablar español, fuese mas inaccesible á la seduccion.[188] El sacrificio de su negra le fué sin embargo muy sensible, y se aumentó su tristeza. Creyendo su madre que el matrimonio restablecería su salud, y no atribuyendo su negativa sino á un capricho propio de su estado, no cesaba de instarla y suplicarla en favor de Claudio. Conchita guardaba silencio, y persistia en su resolucion. Asediada por todas partes, se determinó en fin á pedir á su madre que la enviase al campo á casa de una tia suya, donde esperaba encontrar la calma y la salud. Doña Catalina, para quien la voluntad de su hija se habia hecho una ley, consintió en ello, y determinó el viaje. El dia antes Conchita se sintió peor. Una noche de insomnio, desmayos contínuos y una opresion dolorosa habian agravado su estado.

Por la tarde pidió la volanta para ir á la iglesia y rogar á Dios por la felicidad del viaje; pero quiso ir sola. Doña Catalina no tardó en seguirla, á pesar

---

187 *Dispertóse:* Déspertose.

188 *Mandinga Bozal*: La palabra «bozal» significa en Cuba un esclavo nacido en Africa; en este caso, oriundo de la tribu de los mandingas, del Senegal, Guinea, o Costa de Marfil. Por ser recién arrancados de sus países de origen, los «bozales» tendrían mayor dificultad en entender el español, lo que haría a la nueva esclava inmune a las artimañas de los Claudios criollos.

suyo, y permaneció á la puerta de la iglesia esperando á que saliese. Era ya de noche, y no pareciendo, doña Catalina entró en la iglesia.

Una ligera claridad caia de lo alto de las vidrieras que coronaban la cúpula, y esparcia una luz incierta sobre el enlosado donde se proyectaban las columnas del edificio. Aquella pobre madre se adelantaba con precaucion y lentitud; sus ojos debilitados por el llanto no descubrian su tesoro.

Entre tanto la noche acababa de cerrar, y Conchita no parecia;[189] doña Catalina tuvo que salir de la iglesia porque volvió el *rosario* y se cerraron las puertas. Una vez fuera, se dirigió á su casa en la esperanza de encontrar á su hija en ella; pero Conchita no estaba allí, y su *calesero,* despues de haberla esperado á la puerta de la Merced hasta la oracion, habia vuelto en la persuasion de que se habia venido con su madre.

La inquietud de doña Catalina y de D. Antonio era inexplicable; enviaron á buscarla á todas partes, pero en vano. Ningun indicio, ninguna esperanza venian á consolarlos, y pasaron la noche en el mas profundo dolor.

Al dia siguiente al amanecer, cuando el sacristan fué á encender los cirios de la virgen, tropezó con un bulto blanco... Era el cuerpo inanimado de Conchita sostenido en el altar de nuestra señora de la Merced... Estaba sentada con la cabeza apoyada en un ángulo del altar, y sus dos manos convulsivamente cerradas, apretaban contra sus lábios un guante blanco, húmedo todavía de lágrimas, cuyas últimas gotas se habian helado en las mejillas lívidas de la niña... Conchita estaba muerta.[190]

Se acuerdan todavía en Londres y en París de haber visto en los salones de buena sociedad un jóven americano español, de buena figura, de distinguidos modales, y que vivia con gran lujo. Rodeado de atenciones y de simpatías, pero frio á todos los afectos; disipado, pero indiferente á todas las seducciones y á todas las bellezas del arte y de la naturaleza; parecia uno de esos cuerpos que se han hecho insensibles por el exceso del sufrimiento, y que solo responden con la inercia á los remedios mas eficaces de la medicina.

---

189 *Parecia:* aparecía. *Pareciendo*: apareciendo

190 Merlin le da una vuelta de tuerca al original de Palma, que termina con un matrimonio de conveniencia entre los dos protagonistas, y la caída de Claudio en una vida disoluta e inestable, lo que causa el regreso de Aurora al hogar paterno. En la Carta IX, la protagonista muere antes de someterse a un yugo matrimonial con el hombre que abusó de su inocencia.

Carta X

Un dia en la Habana. – Mediodia. – La una. – Las seis. – La noche. – Los quitrines y las volantas.

Dichoso, mi querido Damer[191], quien solo vé como vos el lado agradable de las cosas! Para esos caractéres bendecidos del cielo, qué contrastes, qué goces tan variados en la vida, y cómo hacen participar de ellos á los demás ¿Os acordais de aquellas singulares conversaciones que me hacian reir tanto en Londres? Yo quisiera pagaros ahora aquel placer, y no es ni voluntad ni asunto lo que me falta. El sol del pais obliga á los habaneros á hacer mil cosas que chocan á los europeos. Hubiera yo querido que me hubieseis acompañado ayer en mi paseo en quitrin por las calles de la capital. Qué de ocurrencias picantes, qué de ingeniosas anécdotas no se os hubiesen ocurrido, y cuánto mas ligeramente me hubiera parecido que corria mi carruaje! ¿ Sabeis que sería un magnífico diorama si el mismo espectador pudiese contemplar al mismo tiempo lo que pasa á la misma hora en las grandes ciudades europeas, americanas y asiáticas? Aquí todo el mundo se acuesta, allí todo el mundo se levanta; aquí empiezan las sesiones de las Cámaras; en otra parte se pasea el Sultan tranquilamente en las aguas del Bósforo. A las nueve de la noche se cierran á la vez todas las tiendas de Basilea para dejar la ciudad en el mas profundo silencio, y esta es precisamente la hora en que todas las tiendas de Londres aparecen radiantes con todos sus rayos mercantiles. A las dos de la mañana se duerme en Viena, se baila en Venecia, y se baila en París.[192]

Nuestra vida tropical, obligándonos á huir de la tiranía del sol, cambia completamente el empleo ordinario de las horas, y produce escenas enteramente originales. Seguidme por las calles de la Habana á la una del dia, y no hallaréis ni vida, ni ruido, ni movimiento. ¿Dónde está la gente? dónde los amores? dónde los dolores? dónde todo lo que ocupa á los hombres? Las casas pintadas de blanco reposan con sus grandes ventanas y sus rejas de hierro bajo los fuegos del dia; ni un animal siquiera en las calles. Precisamente á la hora en que los ingleses, lanzándose como flechas por las aceras de su capital, forman corrientes contrarias de hombres que se suceden y se chocan no sin

---

191 Se refiere al Colonel Georges Damer Dawson, a quien va dirigida la «Lettre XXX» de La Havane

192 Este tipo de comparaciones transnacionales, común en la literatura de viajes, sirve a la vez para familiarizar y distanciar los límites espaciales del relato, la ciudad colonial de intra-muros.

peligro. Apenas de tiempo en tiempo atraviesan lentamente la calle algunos conductores de cajas de azúcar ó algun perezoso carro. A esto viene á reducirse el gran movimiento mercantil que dos horas antes atronaba la ciudad, y que debe volver á comenzar bien pronto. Os parecería un cuerpo cuya sangre ha suspendido su circulacion, como sucede en esas enfermedades singulares que paralizan la vida sin extinguirla, y que producen en medio de la vida una muerte pasajera.[193]

Hé aquí las calles de la Habana; el polvo de Herculano y de Pompeya no es mas ardiente ni está mas desierto. Pero penetrad conmigo en las casas; el movimiento se ha retirado á ellas. Las madres y las hijas han dejado el piano y la costura; las coqueterías, las intrigas, las pasiones, los amores, todo lo que constituye el carácter de la mujer se despliega en estos momentos en medio del reposo general; ¡oh! cuánto se divertiría V., con su indulgencia por los pecadillos de corazon, con estas escenas amorosas, cuyo teatro son algunas calles apartadas! porque aquí el sol hace el papel de la luna para proteger los amores, y sus ardientes rayos espantan á los importunos como en otras partes las sombras de la noche.

Aquí la cortina exterior de la ventana es levantada por una mano blanca y pequeña; en otra parte una de las hojas de la persiana cede á una presion misteriosa, y aun podría V. distinguir, si estuviese aquí, algun par de ojos negros del Mediodia, de estos á que una porcion de poetas han atribuido mas fuego que al sol. El corazon palpita, el pulso late, el oido escucha atentamente el menor ruido que suena en el interior de la casa, porque allí esta la mamá durmiendo la siesta. Por una hábil prevision la muchacha ha dejado en la mesa de costura las agujas y el bordado, y si suenan los pasos de la madre, al instante aparece trabajando con ardor. La alarma ha sido falsa, y entonces se vuelve á sentar á la ventana á esperar la llegada del jóven estudiante que aguanta el sol y corre á la señal convenida. En la calle vecina otro enamorado mas hábil todavía entra en una casa preguntando por una persona que no debe encontrar jamás. En vano la reja de hierro se interpone entre los rostros que se aproximan y las ardientes mejillas que se tocan; pero suena ruido, y la niña cuyos labios temblorosos acaban de sentir un ardor delicioso, grita en voz bastante alta para que su madre lo oiga: —no Señor, D. Tadeo vive dos casas mas abajo.

V. no sería muy severo con estos jóvenes, estoy segura de ello. Pero hé aquí un paseante cuya cólera os hará reir; marcha lentamente con un rollo de papeles debajo del brazo, y hace espantosos moines; es un abogado que ha equivocado la hora, y debia estar hace mucho tiempo en la audiencia: sus compañeros han salido ya fumando un cigarro, le encuentran y se rien de él; pero lo que aumenta su mal humor es la pereza que le ha hecho perder dos onzas de oro que le habia prometido un acusado si le sacaba de la cárcel. La causa se

---

193 Nótese el contraste entre la actividad mercantil de los ingleses, y el ritmo lento y «perezoso» de los criollos, cuyo único negocio es el azúcar. Esto, más la metáfora siguiente del cuerpo moribundo, recalcan los efectos dañinos de la cerrada burocracia española en la economía de la isla, apoyando así el proyecto criollo de fomentar la prosperidad nacional.

ha visto, el preso debe ser puesto en libertad, y por consiguiente se guardará sus dos onzas.[194]

Así, pues, á la hora de que hablo á V. el movimiento es la excepcion, y el reposo la regla. No hay mas que decir, hasta los presidarios abandonan su trabajo para dormir un rato bajo un cobertizo. El negro se tiende á la sombra de un carreton, y las vendedoras de ananas se duermen con los brazos cruzados.[195]

Pero bien pronto vuelve á despertarse y á removerse todo aquel hormiguero humano. Vuelven á correr los quitrines y á renacer la vida [,] la gente que pasa forma círculos alrededor de las pirámides de ananas, cuyas vendedoras gritan:—cinco por medio. Los ricos, los elegantes, los ociosos, acuden á la puerta de la Lonja, como si dijésemos nuestro café de París, cuyos brillantes salones encierran todos los pasatiempos dispendiosos. Venga V. conmigo á la lonja.

Vea V. ahí venir un hombre muy apresurado con la cara muy satisfecha y frotándose las manos. Es un ajente de negocios que vuelve á emprender sus negociaciones y sus visitas. ¿Sabe V. por qué viene tan alegre? porque aquella mañana ha hecho un negocio usurario en favor de un comerciante que le dá doce onzas de oro por su trabajo. El negociante espera sacar mil duros del negocio; pero cuenta sin el huésped; el prestamista es mas listo que el usurero, y el ajente mas listo que todos ellos; el prestamista se guarece con una ley caritativa que corresponde á la seccion de bienes de la jurisprudencia francesa que se llama ley de espera; se vá á sus tierras, y allí, como dicen los habaneros con unas de sus expresiones mas significativas, se dedica á *fomentarse,* mientras que el acreedor llora su capital expuesto y sus mil pesos perdidos, y mientras nuestro ajente de negocios dá una vuelta á su casa con las doce onzas.[196]

Apenas suenan las dos todo vuelve á su curso y á su movimiento ordinario; los negocios, el comercio, las visitas hacen circular la poblacion de todos los colores entre el polvo de nuestras estrechas calles. La mujer, sin embargo, se dá poco al publico; solo las negras se pasean por todas partes con los hombros y el pecho descubierto, con un cigarro en la boca, y echando torrentes de humo; se sientan en las puertas de las casas, y juegan con el niño blanco que llevan en los brazos.

Hasta esta hora ha sido el movimiento de los negocios; de allí á poco empiezan los placeres, el lujo y la ociosidad.

A las seis todos los quitrines aguardan á la puerta de las casas; las mujeres con la cabeza descubierta y flores naturales en ella, y los hombres de frac y corbata, chaleco y pantalón blanco, todos perfectamente vestidos, suben cada uno en su quitrin, y van al paseo de Tacon, á aquellas bellas alamedas donde

---

194   Una crítica más extensa aún al sistema judicial se elabora en la «Lettre XXIII» de *La Havane* dedicada al foro o la administración colonial de la justicia.

195   *Ananas: Ananás.* Fruto de la planta de ananás; «grande y en forma de piña, carnoso, amarillento, muy fragante, suculento y terminado por un penacho de hojas.» *RAE.*

196   «fomentarse:» enriquecerse, desarrollarse económicamente. Mercedes Merlin capta bien aquí el sistema de préstamos que causó la bancarrota a muchos dueños de ingenios azucareros. *Viaje a la Habana* lee así como texto nostálgico de un bienestar a punto de desaparecer y en peligro de destrucción.

sea por ociosidad, sea por indolencia ó por orgullo, nadie pasea á pié. Por todas partes se deslizan las *volantas,* dignas verdaderamente de este nombre, y en las cuales se veia la voluptuosidad habanera recostada con negligencia, y gozando del soplo ligero de la brisa.[197]

Al volver de paseo las mujeres van á hacer sus compras. Los quitrines cruzan en todas direcciones, y las calles ofrecen un aspecto tan animado como placentero. Entonces es cuando las mulas y los caballos rivalizan en ligereza, y cuando se vé pasar como una exhalacion en su volanta á las jóvenes habaneras de blanca frente y de negros ojos, bañadas en la claridad de la luna de los Trópicos. ¿Pasa tal vez por delante de ellas un carruage de mala hechura ó de origen equívoco? Las elegantes jóvenes se desatan en epigramas y en carcajadas; al fin se paran delante de una tienda, y los géneros mas ricos y todos los caprichos de la moda se van desplegando sobre sus rodillas en mitad de la calle.

Vuestras rubias duquesas de Londres y de Edimburgo no tienen ciertamente un coquetismo tan imperioso como estas hermosuras morenas acostumbradas al mando y á la opulencia; y si las mujeres del norte se distinguen por una languidez mas desdeñosa, hay en estas hijas del sol una vivacidad mas altiva y más petulante, aunque disfrazada bajo formas mórbidas y voluptuosas.[198]

Las calles se pueblan bien pronto de quitrines, carruage particular de nuestra isla, y demasiado curioso para no describirlo: Lo que primero se vé es un negro y dos ruedas; las ruedas sostienen una especie de cabriolé de caja muy baja; el negro vá magníficamente vestido y montado en una mula. Lleva unas botas perfectamente charoladas que solo llegan hasta la clavija, y dejan ver la caña de la pierna negra y lustrosa; un zapato perfectamente charolado y adornado de un lazo completa este singular calzado compuesto de dos partes. Su pantalon de lienzo blanco y los escudos de armas bordados en los galones de su casaca hace resaltar mas y mas el ébano de su tez y los diferentes matices negros de su calzado y de su sombrero de galon. Dos varas rectas aprietan los costados de la mula, cuyos arneses corresponden por su riqueza al brillante equipage del *calesero.*[199]

---

197   Describe aquí la actividad de las mujeres a paseo, ilustrada admirablemente en la litografía de Fréderic Mialhe, «Las puertas de Montserrate,» *Viage pintoresco alrededor de la isla de Cuba dedicado al Señor Conde de Villanueva* (La Habana: Litografía de Luis Marquier, circa 1848). Cuban Memorial Collection, University of Miami, Otto G. Richter Library, Coral Gables, Florida.

198   Esta imagen de la criolla, ampliada en la «Lettre XXV» de *La Havane,* dedicada a George Sand, provocó la indignación de los compatriotas en la isla. En respuesta a la versión de la carta que apareció en el *Diario de la Habana* el 10-11-12 de septiembre, 1843, se publicó una serie llamada «Cartas a Chucha» en el *Faro Industrial de la Habana,* 21, 24, 28 de septiembre, 1843. Véase «'Las mugeres de la Habana:' Una polémica feminista en el romanticismo hispanoamericano,» en *Cuba en su imagen,* 31-52. Al dibujar a la criolla, se buscaba el perfil de sí misma, o de la otra que fue antes de su partida. De ahí el doble efecto de idealización romántica y distanciamiento.

199   El carruaje y su chófer se inmortalizan en «El quitrín,» litografía de Frédéric Mialhe, *Viage pintoresco alrededor de la isla de Cuba dedicado al Señor Conde de Villanueva* (La Habana: Litografía de Luis Marquier, circa 1848). Cuban Memorial Collection, University of Miami, Otto G. Richter Library, Coral Gables, Florida.

Los quitrines se vuelven con dificultad; pero gracias á la inmensidad de sus ruedas no se vuelcan ni aun en los peores caminos. Esta ventaja está suficientemente compensada por la dificultad de esquivar los tropiezos cuando se encuentran muchos de ellos en las calles estrechas de la Habana. A las ocho empiezan á desembocar quitrines por todas las boca-calles, y aquellos caleseros que corren tanto no saben jamás donde van. El amo ó el ama se contenta con indicárselo desde el fondo del carruage al negro que jamás vuelve la cabeza, y que sin embargo nunca deja de oir ni de obedecer con la muleta á las palabras: *á la derecha, á la izquierda.* Frecuentemente se paran delante de una tienda, y se vé un carruage que trata obtener del calesero se haga á un lado, se oye salir del quitrin una voz femenina que dice: *no te muevas, Juan, no te muevas por nadie,* y la calle permanece escombrada de quitrines.

Luego suena la misma voz desde lo alto de un balcon:—*Juan, no te muevas, que estás á la puerta de tu casa;* lo cual os hará conocer, mi querido Damer, que la Habana egerce una especie de despotismo. No os lo negaré, y aun puedo añadiros que esta independencia y este imperio de nuestro sexo están mas justificados por el uso que en general hacen los habaneros de su independencia y de su libertad.

Pero ya son las diez, y comienza la tertulia: aunque uno llegue á su casa, la volanta permanece á la puerta aguardando que un capricho ó el deseo de tomar el fresco con un amigo sin interrumpir la conversacion os hagan volver á dar otro paseo. Así se suele ir á la orilla del mar; la cortina ó tapacete protege á los que quieren ocultarse á los ojos de las gentes, sin impedir que se oiga y se vea desde lo interior todo lo que pasa.

El quitrin ó la volanta, con su carácter particular, su extravagante conductor y su mula al trote, tienen alguna cosa de misterioso y de singular que recuerda la góndola de Venecia, excepto la silenciosa poesía de las lagunas que habla á la vez á la ilusion y al amor. Así se pasean las habaneras de un extremo á otro de la ciudad desde las seis de la tarde hasta las doce de l a noche, y sin poner el pié en tierra. ¿Entran por casualidad en una tertulia? El abrir y cerrar de los abanicos que se agitan cadenciosamente, el silencio apenas interrumpido por algunas palabras, las señoras vestidas y colocadas en círculos, recuerdan la elegancia de la antigua España. Pero las grandes puertas abiertas de par en par, las bugías encerradas en fanales de cristal, los grupos de hombres que hablan en los balcones ó circulan en los corredores, los enormes faroles que de espacio en espacio arrojan su luz en los corredores y en los balcones, la belleza de este punto de vista que parece desde la calle una iluminacion májica, os recuerdan que estais bajo el cielo de Antillas en medio de las costumbres criollas.[200]

Se adelanta la noche, y la actividad de los pensamientos, de las intrigas y de los placeres que ha estado dormitando durante el dia fermenta, se anima, y se exalta hasta lo infinito. La vida es aquí encantadora por la noche. El aire

---

200   Bellísima evocación del encanto de los trópicos. Nótese la valoración que hace la autora en comparación con el paisaje europeo.

fresco y voluptuoso de la tarde reemplaza al calor sofocante del dia bajo un cielo tan claro como si el disco de la luna lo ocupase todo, y la brisa del mar penetra á través de los poros abiertos por el calor, é infunde á la vida nueva enerjía. En la calma de una de estas noches es cuando se siente la embriaguez de nuestro clima, cuando se comunica de vena en vena, y de corazon á corazon; entonces es cuando aquí comenzamos á vivir no para los negocios ni para el comercio, no para la vanidad y para el público, sino para nosotros mismos, para nuestras afecciones y para nuestros placeres. [201]

FIN

---

201   La condesa cierra su memoria evocando el tinte y el soplo de «la noche insular.»

Thank you for acquiring

Viaje a la Habana

from the
Stockcero collection of Spanish and Latin American significant books of the past and present.

This is one of a large and ever-expanding list of titles Stockcero regards as classics of Spanish and Latin American literature, history, economics, and cultural studies. A series of important books are being brought back into print with modern readers and students in mind, and thus including updated footnotes, prefaces, and bibliographies.

We invite you to look for more complete information on our website, **www.stockcero.com**, where you can view a list of titles currently available, as well as those in preparation. On this website, you may register to receive desk copies, view additional information about the books, and suggest titles you would like to see brought back into print. We are most eager to receive these suggestions, and if possible, to discuss them with you. Any comments you wish to make about Stockcero books would be most helpful.

The Stockcero website will also provide access to an increasing number of links to critical articles, libraries, databanks, bibliographies and other materials relating to the texts we are publishing.

By registering on our website, you will allow us to inform you of services and connections that will enhance your reading and teaching of an expanding list of important books.

You may additionally help us improve the way we serve your needs by registering your purchase at:
http://www.stockcero.com/bookregister.htm

LaVergne, TN USA
08 September 2010
196295LV00004B/77/P